做人要厚道 | 回嘴要够辣

上海社会科学院出版社

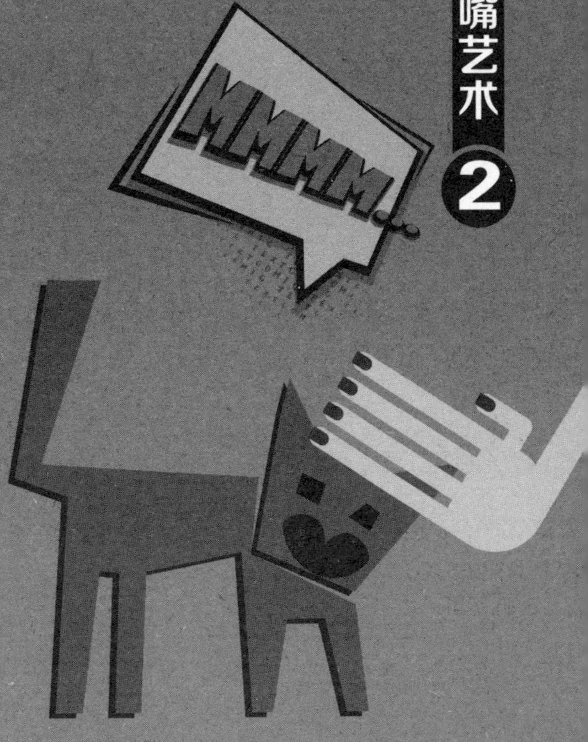

[日] 片田珠美 / 著
郭凡嘉 / 译

成熟大人的回嘴艺术 ②

目 录

推荐序　与其阿谀奉承穷撒娇，不如学当个小辣椒 ………… 1
前　言　对方语塞，你才不会继续内伤 ………………………… 1

第一章　七种人会不自觉地攻击别人 ……………………… 1
1. 缺乏同理心：说关心对方的话，其实伤害了对方 ……… 7
2. 随便的人：还真的把这里当成自己家 …………………… 10
3. 装熟魔人自认亲切，爱问隐私 …………………………… 13
4. 自我中心的人，公主病、小王子病 ……………………… 16
5. 无法隐藏不安的人，口气总是高高在上 ………………… 19
6. 情感外泄毫不遮掩，我躺着也中枪 ……………………… 21
7. 不知羞耻能拗就拗，脸皮厚 ……………………………… 23

第二章　以否定、贬低别人为乐，这些现代人怎么了？ …… 27
1. 他们都是还没长大的小孩 ………………………………… 29
2. "亲切大人"导致他们没长大 ……………………………… 32
3. 自身价值得不到肯定，就会带刺攻击别人 ……………… 35

4. 地缘、社缘消失,现代人羞耻意识淡薄 ……………… 39
5. 智能型迟钝者,轻视行为常会惹毛你 ……………… 42

第三章　做人要厚道,但回嘴要够辣
　　　　——容忍会变成帮凶 ……………………………… 45

1. 不能硬碰硬时,先讲几个字再回嘴 ………………… 49
2. 不理他各种巧辩,你重复一样的话 ………………… 51
3. 对上级,威胁是最有效的防御 ……………………… 53
4. 婉转无用,拿"我"当主词直白抗议 ………………… 55
5. 把其他人抓来当战友:"大家说……" ……………… 57
6. 把对方视为可怜之人 ………………………………… 59
7. 以牙还牙,以迟钝对付迟钝 ………………………… 61

第四章　这样回嘴,不破坏关系又能解决问题 ……… 63

1. 笑着说伤人的话 ……………………………………… 66
2. 装迟钝,还是真迟钝? ……………………………… 70
3. 态度随便、吊儿郎当的人,欠矫正 ………………… 74
4. 他朝令夕改,你得语带威胁制止 …………………… 78
5. 对付找借口打混的人 ………………………………… 81
6. 对不愿负责的人说:"你的损失更大!" …………… 84
7. 缠着你讲不停没重点? 好解决 ……………………… 87
8. 谣言八卦止于智者,因为智者说…… ……………… 90
9. 开黄腔的人,通常"不行" ………………………… 93
10. 每次都抱歉下次改进,其实没把你放在眼里 ……… 96

11. 说谎脸不红气不喘,这样打脸就红了 …………… 99
12. 惩罚迟到大王,要让气氛很尴尬 ………………… 102
13. 一天到晚讨拍? 哇,你真的好棒棒! …………… 105
14. 你的亲切,不该让他误解成有希望 ……………… 109
15. 他玩笑开过头,你扑克脸制造紧张 ……………… 112
16. 人因幸福而说话白目 ……………………………… 115
17. 不好意思说"不借",你得…… …………………… 117
18. 帮他,变成要替他负责 …………………………… 120
19. 我的私事隐痛,他说出来开导别人 ……………… 123
20. 拿别人的长相开玩笑 ……………………………… 127
21. 千万别和"越帮越忙"的好心人较劲 …………… 131
22. 用闲聊来制止讨人厌的行为 ……………………… 134
23. 挖苦吐槽的人,最怕"是喔,是喔!" …………… 137
24. 伴侣或家人很邋遢,如何赞美? ………………… 139
25. 身边人是喜欢找茬的人,怎么阻止他语言暴力? …… 142

第五章　不被责难,避免自己成为麻烦人物 ………… 145
1. 当对方不想听了,你看得出来吗? ……………… 147
2. "应该没什么关系吧"的想法,要不得 …………… 150
3. 承认自己也有"贪嗔痴",见不得别人好 ………… 153
4. 别当个老是吞忍的善良人,学会回嘴 …………… 156

后　记　气到你内伤的人,常常是你同仁友人亲人 ……… 158

推荐序　与其阿谀奉承穷撒娇，
　　　　不如学当个小辣椒

网络作家／垃圾文界的一位美少年

　　上回出版的《成熟大人的回嘴艺术》书名不只耸动，内文也是跪着拜读完哪！

　　在书店时，看到自己的推荐序感到无比欣慰，我还推荐周围朋友，一定要看这本新鲜人职场入门圣经！

　　片田珠美医生这次加码再出进阶版续作，说什么也要推广给大家。对于遭受到言语霸凌的人，势必得告诉他们："忍耐只会伤害自己，如何能在对的时机反击，才是王道！"

　　本书给我的最大收获，其实不是里面各种眼花缭乱的招数，而是让大家知道，何时要吵啥架、还啥债。

　　相较于第一本，这本书的内容更加直白，从生活中经常被忽略的部分，单刀直入针对不同对象，用对话及小故事带领大家进入情境。

　　举例来说，相信大家都有在忙碌时，接过推销电话吧？

　　以前我常拒绝不了电话另一端滔滔不绝地阐述产品，即使已告知对方现在不方便打扰，但对方完全没有要饶过我的意思。在工作忙碌的非常时期，被这样硬生生地浪费时间，等同是浪费生命,就算是一秒钟、一分钟,都是痛苦的,you know。

拒绝别人固然很难,迎面而来的言辞是明褒暗贬也无法预测,所以,要尽可能隐藏任何让别人有机可乘的"阿基里斯之腱",用言语变成你的矛跟盾,学会防御与主动攻击,做到给对方有台阶下,又能让自己圆滑、圆满,就能避免掉很多无谓的争吵。

蔡康永曾说过:"人生有时候,乖乖的只是呆子,不乖的却是才子啊!"

我一直很羡慕勇于表现自我的人,美剧《破产姐妹》(*2 Broke Girls*)里的 Max 就是个活典范。那是一种信心值爆表的状态,充满直爽带点毒舌辛辣,应对周围同事的性骚扰,以及生活中许多现实面的考虑,不畏惧的回话总能让她将劣势转为优势,正因为她敢回、敢说,才确实找到自己的位置而且很快乐。

我不想因为不会拒绝别人,不会说话、回嘴,就这样被别人摆布一辈子,像是斗不过姥姥被囚禁在兰若寺孤老,又或者像个筹码,嫁给黑山老妖让人收割啊。

与其讨好每个人,必要时,还是要捍卫自己的立场。在生命旅程里,切记自己要当自己永远的主 KEY,即便配角或者反派角色再辛辣,身为女一的你可千万别认输啊!吃亏就是占便宜,在这年代可不是样样都套用的,与其阿谀奉承穷撒娇不如学学如何当个小辣椒!

前言　对方语塞，你才不会继续内伤

世界上充满许多麻烦人物，他们就算伤害到别人、给周围带来各式各样的麻烦，也浑然不知。

他们面带微笑，说出刺伤他人的话，可能完全不考虑别人方不方便，只顾着说自己的事；又或是光明正大地迟到、借了别人的东西却不归还、老是觉得自己一定是对的。

环顾一下四周，你身边多少会有一两个这种人。

明明你已经露出很困扰的表情，他们却还能若无其事地嬉皮笑脸。

这种人究竟有没有恶意呢？

若是一气之下冲动地向对方说出一些话，对方说不定还会说："哎呀！你怎么啦？竟然会为这种事发怒。""你真是斤斤计较！""太神经质了吧。"这么一想，就很难把抱怨说出口。

但光是想到有这种人在自己的身边，就令人火冒三丈……

我的上一本拙作《成熟大人的回嘴艺术》，针对恶意攻击和背后的酸言酸语，思考一些对策。在书出版了之后，出乎意料收到了非常多回响。

我想这是因为现实生活中，有很多人在与同事、朋友、父母、亲戚间的互动中,因无法回嘴,而苦闷不已。

然而,另一方面,我也收到一些意见:"不知道那些人是不是真的有恶意""不知道他们到底是故意的,还是少根筋""他们明明给周围带来许多麻烦,却缺乏自觉"。

的确,越是这样动机不明的人就越麻烦,也让你不知该如何应对。

难道我们对于这样的关系,就只能无止境地忍耐下去吗? 我并不这么认为。

身为精神科医师,我接触过非常多患者,有许多人都是因为过分压抑自己,最后导致身心不协调。

举一个例子,两个人在办公室里聊天,同事却一边笑一边说出刺伤人心的过分话语。虽然当下这位患者做出成熟的应对,把话题打发过去。但回到家后,一回想起那个场面,心头的怒气却翻涌而上,眼泪也扑簌簌地掉个不停……

当他这么苦闷烦恼,对方却连自己已伤害到他人的自觉都没有,反而一觉睡到天亮。

越是面对这种麻烦的人,我们越要懂得保护自己。一定要让对方了解,你因为他的言行受到伤害。

尽管如此,你不需要和对方打一架,也不需要和对方起不必要的争执。只要轻松和气、带着从容的心情,从自己开始,去改变与对方的关系。

在本书中,会介绍在保护自己时,对于麻烦的人,我们该如何聪明地闪避、击退、巧妙地驳斥,让对方语塞,而不是你回家怄死。

你需要的就是一点小小的智慧与技巧。

只要去实践这些方法,那些累积已久的怒气、不痛快,就能在一瞬间完全被释放,再也不必为某人的话所苦恼。从今以后只要和与自己心情相通的人建立稳定良好的关系就好了。

第一章

七种人会不自觉地攻击别人

会伤害他人的人,有两种类型:一种是抱持着明确的恶意,刻意攻击对方;另一种则是看似没有恶意,但以结果而言,却伤害到他人。

以整体来看,后者可说是非常迟钝,他们没发现自己不经意的言语或行动,对别人来说是一种攻击。

比方说:

- 面带笑容说出会伤害他人的话。
- 大剌剌对别人的私生活提出意见。
- 认为自己的价值观绝对正确,甚至强迫周围的人都要接受。
- 单方面说自己想讲的话,不愿意听他人的意见。
- 无法控制自己的情绪,周围的人常被"扫到台风尾"。
- 对任何事都很随性,就算有人婉言相劝,他的反应总是:"有吗?"

这种人就像是穿着外出鞋到别人家里踩踏,直接打乱别人的内心。他们甚至没有意识到自己的言行,已经伤害到他人,因此大多数的人不知道该如何应对,通常都只能想着:唉,没办法啊!

在这本书中,我们要介绍如果遇到只顾自己的幸福,却缺乏同理心的人时,可以用哪些聪明的应对方式。

麻烦人物好几种,你身边一定有一种

让我们如此困扰、烦恼的麻烦人物,究竟为什么会这么迟钝呢?在这一章里,我们要来揭开隐藏在这种人言行举止背后的心理。

首先,我们要将这些处处可见的麻烦人物,大致上区分为七种类型,如果你的脑海里浮现出几个人让你觉得:"没错没错,就是有这种人!""真的是令人很困扰……"我希望你可以先了解他们。

为了要保护自己,并不是当场就要对对方的言行做出反应,而是要能够瞬间察知对方会做出那种言行举止,是出自什么样的心理。

❶ 缺乏感受力型

这种人会若无其事说出缺乏同理心的话语,如他人的弱点(你的字太丑,我来写好了),或容易讲出让人感到自卑的言语(矮的人拍照请站到前排),有时他甚至觉得这么做很有趣,无法体会眼前人的情绪,常让人惊讶觉得:"竟然有人会说这种话!"

❷ 随便型

有些人经常迟到,有的人会随便使用别人的物品,这种人无论对时间或东西,都抱持着随便的态度。如果有人好言相劝,他还会反驳:"这么爱计较!""也太神经质了吧!"显得自己胸襟开阔。

❸ 装熟魔人型

这个类型的人会拉近和他人之间的距离,摆出一副"我很擅长交际,认识很多人"的面孔。但是认识没多久,讲话开始没大没小,这种人对工作对象、商店里的店员,常会采取异常友好的态度。

❹ 自我中心型

自我中心的麻烦人物非常自恋,却无法隐藏这种心态。对于任何事物都必须"按照自己的方式进行",否则绝不罢休。

他认为自己提出的主张绝对会通过,所以对别人的意见会马上表示反对:"可是……""如果是我的话……"并且"强力说服"所有人遵从他的意见。

❺ 无法隐藏不安型

由于缺乏自信、感到不安,这种人会对周围的人发动攻击。就算没人问,他也会开始大谈自己的价值观和经验(念文科有什么用),以高高在上的态度咄咄逼人(妈妈上班,小孩就教不好)。正因为不安,所以他非得要主张"自己绝对是正确的""自己的经验才是有价值的",而且会彻底反对其他不同的想法和生活方式。

❻ 情感外泄型

这类的人完全不打算隐藏自己的情绪,让别人反过来要顾及他的感受。当他心情好时,会"哎、哎"地跑过来亲切向你搭话,但是心情不好的时候,就完全把其他人挡在门外。他认为所有的人都会配合自己。

❼ 不知羞耻型

简而言之就是没有"知耻"的意识。他认为别人对他亲切、对他好是应该的,更不隐藏自己的吝啬或喜欢讲八卦。比方说,他会想尽办法不用到自己的钱,毫不在意地用别人的钱来解决,或干脆有借不还。口头禅是"这个给我喔!""哎呦,借我一下啦!""好啊,你请客。"

我相信大多数的人身边,一定会有一两个这类的人。

他们究竟有哪些特征呢?或者是基于什么样的心理状态,才会出现这种迟钝、缺乏自觉的言行呢?我们在接下来的章节里会详细探讨。

1. 缺乏同理心：说关心对方的话，其实伤害了对方

缺乏感受力的人，个性非常迟钝，经常会大刺刺地说出一些让人觉得"一般人不会说那种话吧……"的话。

他或许会觉得这是关心、开玩笑，或是为了要拉近彼此的距离，但是他却无法分辨什么话该说、什么话不该说，他根本没想过说了这种话，对方会怎么想。

举一个例子，在某个职场上，有位课长正好就是属于缺乏同理心的人。一位女性部属，不知道是不是因为太忙碌，下巴冒出一颗颗的青春痘。

但他却若无其事地说："你的皮肤好差啊！你还好吧？"

对这位女部属来说，就算别人不把这件事说出来，她也知道自己的皮肤状况不好。她想：如果你问我"最近是不是特别累"那就罢了，也不用刻意把"你皮肤好差啊"这种话说出来吧！

另外，这位课长曾经笑着对一位很在意自己体毛的男性职员说："你怎么今天也是一副毛茸茸的样子啊！""夏天这么热，披着那一身毛不会热吗？"

这位课长或许觉得这不过是开玩笑、是主管照顾部属的问候，但是却令人完全笑不出来。反而让周围的人都想倒退三步。被课长说的那位部属，虽然强颜欢笑地做出回应，但明显受到了伤害。

这位课长让人觉得很恶劣的地方,在于他只对职位较低的员工开刀。在这种状况下,谁也不敢对主管说:"课长,你说这种话太过分了吧!""请不要再说了。"

这种人仗着自己是主管,觉得自己说什么都无所谓,是个典型少根筋、迟钝的人。

不仅这位课长如此,在迟钝的人当中,有很多人都非常爱管闲事。

主管关心女性下属太过疲累,是一件很好的事,只要说:"你看起来好像很疲倦啊,不要紧吗?如果有什么问题,随时都可以来找我喔!"就可以了。

但是这种人却刻意说:"你的皮肤看起来好差啊!"总是说多余、不该说的话。比方说"你还好吧?偶尔也要去做脸啊!""像××小姐啊,听说她每天早上洗脸的时候都特别下功夫呢!"

如果有人表示不满,说出这些话的人也只会认为:"我只不过是好心提醒一下而已。"

此外,这些看似属于缺乏感受力的人,除了前面提到装傻、少根筋型的白目课长之外,还有一类型是属于在心里对别人的不幸,感到乐不可支的心机策略家类型。

后者会带着好人面具,故意说一些少一根筋的话,狠狠刺伤他人的心。

例如,在女性同事之间,他会装作担心对方借此刻意说出过分的话。这种人会一面采取关心对方的姿态,一面指出负面的事给予伤害,并享受着虐待狂般的快感。

第一章　七种人会不自觉地攻击别人

在精神分析学上,无论是有意或无意,只要是人,都会藏有一种恶意心理——幸灾乐祸。所以面对这种人,并没有必要以"因为他少根筋嘛,实在是没办法"为理由原谅他。

尽管如此,当我们碰到乍看之下带着好人面具的人,在相处上的确非常困难。我会在第三、四章介绍应对的方法,最重要的就是要和这种人适度地拉开距离,并且有技巧地和他相处。

2. 随便的人：还真的把这里当成自己家

这种类型的人经常擅自使用他人的物品，也常借了东西不还。约好时间老是迟到，还一副无所谓的样子。他不在乎这个社会上的常规或伦理道德。相信在你身边多少也会有这种人。

他们有一个非常重要的特征，就是对于自己和他人之间的界限非常模糊不清。

在某个职场上的 Y 小姐，经常擅自借用隔壁同事桌上的订书机、胶水、圆珠笔、便条纸等，甚至用得很理所当然。

虽然有时候她会说："借我用一下喔！"但是更多时候，她不说一语就伸出手，有时甚至用完之后，顺手收进自己的抽屉里。

就算是同事，时间久了对这种事也是忍无可忍，眼看个人的钢笔就要被 Y 小姐拿走时，他便以尖锐的声调说："喂，那支笔是我的啊！"没想到 Y 小姐不带一丝歉意的回答："哎呀，是吗？"一点也不觉得自己做错了事。

就算是公司的常备用品，她觉得还要特地取用很麻烦，因此会擅自拿其他人正在使用的物品。每当遇到这种状况，同事都会觉得很恼火："拜托，每次你用完之后，我还要补充订书针，我也觉得很麻烦啊！"但是仍然也会想：算了啦，这种那么小家子气的事，不说也罢……所以不会把抱怨说出口。

第一章 七种人会不自觉地攻击别人

许多人会对 Y 小姐这种人感到有些愤怒。

这个问题的根源在于,这种人认为自己的行为可以被原谅,但其实这个问题比想象中的还要根深蒂固,因为近年来,越来越多人从小不论做什么事,都会被原谅。

在过去,小孩子如果擅自拿其他人的东西,就会挨父母的骂:"怎么可以做这种事!"如果用了别人的东西,父母也会要求孩子道谢:"怎么没说谢谢?"

但是近年来,这种父母却大大减少了,在街上也很少看到大人会要求小孩子守规矩或道德礼仪。

在现在的社会里,即使有人在电车上化妆、吵闹,甚至把手机游戏声音放出来、纵容小孩在店里跑来跑去,给周围的人造成困扰,也不会有人出面劝告。我经常看到一些人的行为,让人目瞪口呆地觉得:"他们简直把这里当成自己家一样……"但是如果出面劝阻的话,说不定还会被卷入不必要的麻烦。

沉默装作没看到——这就是现代人的应对方式。然而事实上,这种行为却是助长"可以被原谅"意识形成的原因之一。

除此之外,边走边玩手机也是个问题。把个人行为带到公众的空间里,且一边走一边进行,就是让界限模糊化。

当一个人的私人与公众、他人与自己之间的界限变得模糊不清,就会越来越强迫别人要接受"因为我想要这样做……""我觉得这样比较好……"这种个人规矩。

所以在现代,所有人应该遵守规则、常识、道德规范的意识越来越式微,导致随便、吊儿郎当的人在各式各样场合大肆宣扬着

"自我",做出旁若无人的行为。

就算对那些擅自拿别人圆珠笔的人说:"为什么你都不问一声,就擅自拿来用呢?"他反而会说"那你也可以拿我的来用啊!"这种莫名其妙的回答。

他们不了解我们想传达的是,"我不是想要按照你的规矩,而是希望你可以不要擅自拿别人的东西"。

关于迟到,也是属于个人规矩横行。有一种人认为,只迟到五分钟,应该无所谓。不管晚了几分钟,迟到就是迟到,但他们从不觉得自己迟到,实际上会带给周围的人困扰。

如果遇到有人强迫你要接受个人规矩,你却不反抗,那就会陷入被随便的人所苦的窘境。

3. 装熟魔人自认亲切，爱问隐私

这一类的人说好听一点是亲切，但是他们的行为都是单方面的，并不会去思考对方的心情。尽管面对初次见面的人，也像看到多年老友一般亲近攀谈，或者平常不是特别亲近，却理所当然问一些很私密的问题。

如果遇到这种人，经常会感到自己的内心突然被他人闯入。装熟魔人型人物，其实还蛮常见的。

一对母女睽违许久终于能够一起去旅行，因此参加团体巴士之旅。这位母亲属于很会装熟的人，即使和坐在隔壁的夫妇是初次见面，也毫不怕生地主动搭话，如果只有十分钟、二十分钟也就罢了，但她却单方面讲个没完。

她从"我是从东京来的喔……"开始，接着问"你们是从哪边来的啊？""为什么会参加这个旅行团啊？""结婚几年啦？""有孩子了吗？""在做什么工作呢？"像连珠炮似的问一些非常私人的问题，简直就跟警察录口供没什么两样。

单方面的言语攻击还在进行，她又接着说："我在那间店买了这个，真的很好用喔！""那一家饭店很豪华呢！""这个是要买给我们家儿子的伴手礼啦！"就算没人问她，她也兴奋地说个不停。

对方是一对非常客气的夫妻，虽然他们一面微笑，一面回答这位母亲的问题,但是从女儿的角度来看却觉得:对方内心大概觉得很厌烦吧……妈妈给对方添了不少麻烦啊……女儿一想到这些就觉得烦躁不已。

迟钝的人都很善于交际,甚至可以说非常热情、亲切。他们很喜欢主动找人讲话,甚至也会(无论有意还是无意)认为:我这么做,对方一定也会很开心。

也就是说,这种人的行为是出于爱交际和奉献精神。举例来说,有时候我们会在餐厅或居酒屋里看到,有些人尽管是对店员,也会异常亲切的搭话。

虽然他们在某种程度上,必定希望被认为是友善、风趣的人,但是站在这些人的角度来看,有很多时候他们会觉得自己是在"服务"店员。

这究竟是服务、奉献还是令人困扰,会随着对方的感受而有所不同。毕竟遇到友善热情的客人,有的店员会觉得与这种客人交流很有趣,但也有些店员会觉得:这种客人还真是麻烦。

像这种状况,与其说是个人问题,不如说合不合得来。

尽管如此,装熟魔人身上与人保持适度距离的感应器,的确是出了问题。

在我所知的例子里,某位五十多岁的男性只要一到餐厅或居酒屋,遇到女性店员时,一看到店员的名牌,几乎百分之百都会这么说:

"××小姐真是个大美人唉!"

"××小姐,我可以追你吗?"

第一章　七种人会不自觉地攻击别人

或许这只是他想开玩笑罢了,但是如果和这种人同桌吃饭,不但会感到羞耻,除了感到非常不愉快,也会忍不住同情年轻女店员。这已经不能说是亲切了,根本就是性骚扰,但是他本人却浑然不觉。

越是迟钝的人,越自以为和对方的距离越近越好,甚至会认为:因为我自己是这样,所以对方一定也是如此吧!

像这种类型的人,也是缺乏"对方的感受和自己不一样……"的想象力。

如果你是在居酒屋或是餐厅里,会亲切地对着店员喊"那个妹妹啊!""弟弟你来一下!"之类的人,那你可能就该注意一下自己的迟钝程度了。

4. 自我中心的人，公主病、小王子病

自我中心型把自己当成世界中心，认为世界绕着自己打转，所以总是要成为话题的中心才肯罢休。他们强烈希望大家认同自己，想要提升自己的价值的心态，也比一般人更加强烈。

若要用一句话来形容的话，这种人渴望被认同。

但是，他们已经不是单纯希望被认同，这类型的人最大特征，就是希望众人都能认为他是特别的存在，而这也正是最棘手之处。因为他们会抱持着毫无根据的特权意识，换句话说就是小王子、公主型人物。

我曾听过一个例子，某间公司的女性们相约一起去吃午餐，如果没有按照 K 小姐的意思进行，她就会受不了。有位同事提议："今天要不要去吃意大利面？"她马上持反对意见："拜托，吃意大利面会胖唉！还是吃日料比较好。"

如果只是表达意见，也就罢了。但是每次遇到这种状况时，最后众人总是会因为 K 强硬的态度，不得不接受她的提议。久而久之，周围的同事也觉得受够了，只要 K 有意见，就会纷纷说："既然是 K 提出来的，那也没办法……"并且按照 K 的期望进行。

然而到了日料餐厅后，K 小姐竟然吃完一碗还续饭，大家都在心里想：刚刚不是说怕胖，所以不想吃意大利面吗？但是谁也没

开口吐槽。

事实上，K小姐不一定是以"吃到自己想吃的食物"为目的而行动。当然这其中也有得利的部分，但是对她而言，最主要的还是"大家都要按照我说的去做""大家都要视我为特别的存在"。

无论意大利面还是日料都无所谓，而是"只要我开口，就能改变事情的发展"带给她的快感。

K小姐最大的特征，就是身边的同事们总是顺着自我中心类型的人，助长对方自我中心的程度，甚至会越来越觉得"我很特别"。

自我中心型的人，如果是女性的话，有很多都属于还算漂亮的人。因此，一直以来她们都过着到处被吹捧的生活，无论联谊或是在职场上，也经常会被男性捧在手掌心上。

从另一方面来看，如果一直站在这样的位置上，她们会常担心，如果有一天，自己不再是世界的中心该怎么办？所以就算是在无关痛痒的事情上，也要一一主张："我觉得、我想要……"非得要确认大家都会按照自己的意思进行不可。

事实上，自我中心类型中，很多人都有看不见眼前现实的倾向。

相信有很多人会觉得这种人很不可思议："明明周围的人都觉得很厌烦了，他们竟然还能坚持己见，真不知道是在想什么……"

不过这也是从迟钝而来的绝技，让他们不去正视眼前的现实。他们的眼里只有自己想看到的画面。

所以就算想要用态度,让这种人明白大家的不快,也只是徒劳。

在面对这种人时,非常遗憾的,就算你想要用表情或动作暗示他"好歹察言观色一下吧!""不能识趣一点吗?"对这种人来说也几乎没有意义。

在第三、四章将会介绍聪明的应对法,在面对这种人时,必须清楚而明确地传达自己的意思。

5. 无法隐藏不安的人，口气总是高高在上

这种类型的人觉得自己的价值观绝对正确，而且会强迫他人接受，又或者总是用一种高高在上的态度和他人说话。

为什么他们会这么强烈主张自己的价值观呢？

事实上，这是因为他们无法隐藏心里的不安。

我认识一位母亲，希望自己的小孩子都要去大学念理工科。想办法让孩子念优秀的大学，的确非常了不起，但是她总会用这种说法："要是大学不读理工科，根本就没有意义啊！""念文科能干吗呢？"

她想要告诉众人，能让儿女进入一流的大学念理工科，对她来说，不但拥有了一个成功的人生，也是养育子女最理想的成果。

但是她却不直接炫耀，反而用"要是大学不读理工科，就没意义""世上的一切，都还是要看学历"这种迂回的方式，来表现自己的价值观正确，而且还会要求他人接受。

再举别的例子，一位三十多岁的女性和丈夫共组一个双薪家庭，她自己除了全职工作之外，还要带一对双胞胎孩子。

某一年盂兰盆节的假期，他们带着五岁双胞胎回到夫家过节，小孩子在打闹时，一不小心打翻了酱油的瓶子。

丈夫的姐姐见状，故意用大家都听得到的音量说：

"这孩子这么不乖，都是因为母亲不好。"

"像我们家如果不行的事情，就会严格地说不可以！"

"妈妈要是常常不在家的话，小孩子本来就很容易会变成这样。"

这位女性听了这番话，感到很不甘心，伤心得眼泪都快掉下来了，却什么话也说不出来，只能一边擦着桌上被打翻的酱油，一边不停地道歉。

打翻酱油不过是很平常的小事。为什么这位大姑会这么固执地表达"小孩子没教好，都是因为母亲的错""母亲（因为工作）经常不在家"呢？

因为他们期望自己的价值（经验或生存方式）被对方认同，但是这种人非要表现出来不可，实际上跟他们缺乏自信、感到不安有关。

当女性成为家庭主妇或职业妇女，经常会被拿来比较，但这两者之间并没有孰是孰非。

然而，如果对自己的选择感到不安、对他人的选择产生羡慕，很可能就会忍不住要主张："我才是正确（幸福）的""对方是错（不幸）的"。

男性也是一样，越对学历感到自卑的人，越会说："等到出了社会，学校里的成绩根本就没有用。"

事实上，无论学历好坏，如果能活跃于职场上，并过着充实人生，根本就不需要去在意别人。

但是无法隐藏不安型的人却常常不吐不快，强迫其他人接受自己的价值观。

如果遇到这种人，要立刻看出来，并且告诉自己："他们其实很没自信""原来他很不安啊"。

6. 情感外泄毫不遮掩，我躺着也中枪

有种人只要心情不好，就会刻意放大自己的情绪，让周围的人不得不顾虑到他。但是他一旦心情好，又会亲切地"唉，我跟你说喔……"主动跑去和人说话。

情感外泄型的人，心情不好却无法隐藏，甚至还会影响到周围的人。如果单看表面，或许会觉得他们只是无法控制情绪，但是仔细观察后，会发现这种人会选择对象和场合释放自己的情绪。

也就是说，他们并不是无法控制情绪，而是认为就算不控制也无所谓。

某个职场上的主管（女性、四十多岁）是一位非常情绪化的人。只要一忙起来，或觉得烦躁，就会开始对周围的人发泄。

除了摆臭脸之外，她还会一边用力敲着电脑键盘，一边大声地自言自语：

"什么东西嘛！"

"别太过分了！"

"真差劲，简直烂透了……"

更严重时，还会用资料用力拍打桌子。

新进员工光是看到这种场景，就吓得要命。其他下属也觉得："不只让人无法专心工作，还让职场气氛变得好差！"

这位主管仗着周围的人都会容忍她，更是变本加厉。如果出现位阶更高的主管，她就不敢摆出旁若无人的态度了。

是什么原因造就"情绪外泄怪兽"出现呢？我会在第二章详细分析，一般而言，人不是天生就这么情绪化的，像这位主管很有可能在某处学到自己的情绪，是可以发泄出来的。

其中的原因，很有可能是家庭里的教养环境。

如果父母亲会随着情绪变得歇斯底里，或者是情绪起伏非常大的人，那他就会认为"情绪本来就该表现出来""我也可以这么做"，接着开始对周围的人做出相同的言行。

这种心理以精神医学的角度来说，是一种"转移"或"与攻击者同化"。

当不喜欢别人对自己做的事时，（这类人并非直接反击对方，而是）将这种情绪转嫁到对象身上。

除了亲子关系之外，也有人是在自己位处部属时，遇上主管乱发脾气，而他便无意识地模仿这种行为。这和转移、同化，是完全相同的机制。

所谓的转移和同化，其实都是人类自我防卫的心理机制，因此碰到这种人，也很难妥善应对。但是最重要的，是要让他明白这么做，大家是不会允许的。

如果众人总是放任、置之不理，这类型的人就会认为"我这么做是可以的""大家都会容许我""我是特别的，所以可以这么做"。这样反而会导致状况恶化。

7. 不知羞耻能拗就拗,脸皮厚

在你认识的人当中,想必会有一两位超级吝啬的人吧。

如果大家相约吃饭,他会挑菜单里最便宜的菜色,就算大家说:"吃饱以后要不要吃甜点啊?"他也会一个人说:"我不用了。"

当然,如果只是这样,也不会造成困扰。

问题是一旦店家端出甜点后,这个人又会开口:"看起来真好吃!""分我吃一口!"接着从每个人的甜点挖了一匙。这就是在此节提到的不知羞耻。

有一位女性,认识了孩子同学的妈妈,这位妈妈本人不但非常小气,还会巧妙利用自己的五岁儿子发动攻击。一起去餐厅时,这位妈妈点了最便宜的料理,吃完之后,她的儿子会到别的妈妈身旁,紧盯着她们正在吃的餐点。

其他妈妈受不了紧迫盯人的视线,经常在无言压力下,问一句:"要吃一点吗?"但是这句话只要一说出口,最后都会变成剩下的食物,全送进这位孩子的肚子里。

这位妈妈虽然会一面道歉一面说:"我们家的孩子真是糟糕!""不好意思,他太贪吃了……"但完全看不出来她有反省。

这种厚脸皮的态度,让所有在场的人都感到愤怒。

不知羞耻型有许多不同的面相,但是其中一种和现代社会"无法摆架子、虚荣"有关。

现今(日本)社会不景气已持续一段时间,和高度成长的(日本)泡沫经济期不同,贫困也成为社会问题。在这样的背景之下,无论遇到什么事都说"因为我没钱""这样好浪费啊"逐渐被大家接受。

比方说拿一堆免费样品,在过去可能只有厚脸皮的中年妇女会做,对一般人来说,还是会感到有点不好意思,无法做出这种行为。就算想要,也因虚荣心而做不出来。

但是近年来,却有越来越多的人会说:"免费的东西,拿到赚到!""不拿白不拿嘛!"

和大家一起去吃饭这件事也是,在过去,大多数的人多少会因虚荣心作祟,点了和大家价格相同的餐点。但是现在虚荣心(无论好或坏)已经逐渐消失了。

另外,如果对这种厚脸皮的人进行心理分析,会发现这类人有强烈丧失不安的倾向。说得更明白一点,就是他们害怕失去拥有的东西。

所以这种人会表现出尽可能不花钱、任何东西都要尽量保留。

有另一种行为和这个现象有关,就是如果要花钱,必定要有相对的回报,绝对不可以吃亏。

因此,只要是吝啬、小气的人,完全无法忍受"昂贵却难吃"的状况,甚至会说出非常恶劣的抱怨。从这层意义来说,经常对店家投诉,很可能就是不知羞耻型的人。

比方说,一般人买一个十元面包,如果这块面包很好吃,会觉

第一章　七种人会不自觉地攻击别人

得很开心,如果不好吃,顶多只会认为一分钱一分货。几乎不会继续追究。

但是有强烈丧失不安的人,就会觉得:"好歹我也花了十元,却买到一块这么难吃的面包!""如果你卖的面包这么难吃,会造成我的困扰!"还会专程跑去向店家抱怨。接着就逐渐变成专门给店家找茬的客人了。

抱怨、客诉的结果,导致店家一面说着"真是抱歉!",一面拿出五个面包给他:"为了表示歉意,这些免费送您。"当他尝到甜头之后,又会因为"免费的""赚到了"而兴奋不已,接着还会得意地到处炫耀。

这是非常典型不知羞耻人物的小故事,但是其根源在于对于失去的不安全感。

对于失去常感到不安,最主要是因为时代背景的影响,请不要忘了,这些人经常处于"就算再怎么努力工作,都赚不了什么钱"的状况。

比方说,"今天花了一万元,明天再赚就有了",在泡沫经济期是非常现实,而且很可能发生。如果能这样想,就不会被丧失不安的情绪折磨得如此焦虑。

可是现代来说,赚钱非常不容易,更别说随时都有可能被减薪,甚至还可能被裁员。这种事让人无法置身事外。

如果生活在这种状况中,会让人对失去感到不安,而且逐渐变得吝啬,忘了羞耻心的人只会越来越多。

第二章

以否定、贬低别人为乐，这些现代人怎么了？

1. 他们都是还没长大的小孩

前面我们介绍了一些让他人觉得困扰,却缺乏自觉的麻烦人物,接下来就让我们来探讨一下,会出现麻烦人物的原因和背景。

这里先举出一个关键词,就是"以会被原谅"为前提。大部分麻烦人物无论有意或是无意,都认为自己的行为会被众人原谅。

有良好常识的成人,绝不会毫不避讳地说出对方不喜欢听的话、擅自使用他人的物品,或就算对方不感兴趣,却还是滔滔不绝。

因为通情达理的人,不觉得这种行为是会被容许的。但问题是,我们在这里讨论的麻烦人物,缺乏常人都会知道的道理。

这么一想,就可以这么解释,麻烦人物等于还没长大的小孩,换句话说,他们都还很幼稚。

小孩子不会分辨善恶,(基本上)也不太会注意周围的状况,总是想到什么就做什么,甚至不会想到自己这样做会引来麻烦。

这种人非常天真、诚实,但另一方面来说,这种人也非常残酷、令人困扰。没有察觉到自己已经伤害到对方、为对方带来困扰时却毫无自觉,完全缺乏"如果我这样做,对方会怎么想"的感受力,他们在精神方面仍不太成熟。

我相信和麻烦人物相处时,多数人肯定想过:这个人怎么这么不成熟、为什么会做出这么幼稚的事……

这种想法就是正确答案。那些让人困扰的言行举止，正是不成熟、幼稚而拙劣的表现。

他们只看自己想看的现实

前面我们说了许多麻烦人物的特征，如不看或只看自己想看的现实，这些也都源自不成熟。

举例来说，主管在聚餐的场合里滔滔不绝、吹嘘得意的事，让大家觉得很厌烦。但是主管却兴致高昂，并在回家的路上说："今天大家都玩得很开心吧！""都听我讲话听得很开心呢！"这时候你会怎么想呢？

你想必会觉得："这人还真是乐天啊！""太迟钝了吧！"这就是他们很大的特征——只看自己想看的现实。

那位造假宣称培育出"万能细胞"，造成舆论哗然的科学家，或许也是因为不断幻想"要是真的有这种细胞就太好了！""真希望我能做出来"，最后才会在他心中变成现实吧。

（按：2014年，日本理化学研究所某研究员跟其团队，在英国《自然》杂志发表两篇论文，声称培育出的万能细胞，能通过外界刺激令体细胞转变为干细胞，但在同年九月，被踢爆做假。）

精神医学把这种不看现实，却把"要是可以……就好了"的期望，当成现实的症状，称为幻想性愿望，大致上有以下几种：

- 认为自己说的话很有趣，大家都听得津津有味（其实大家觉得很厌烦）。

第二章 以否定、贬低别人为乐,这些现代人怎么了?

- 因接近对方、进行亲密的沟通而感到喜悦(但对方很受不了)。
- 知道自己不准时,觉得反正对方似乎无所谓(这么生气干吗,晚到几分钟没什么大不了)。
- 当自己在讲述价值观、人生经验时,认为对方会觉得好厉害(但其实大家感到很困扰)。

这些全是麻烦人物深信不疑的幻想性愿望。这些人会把幻想误以为是现实,因此和周围的人产生认知上的差距,大大发挥他们迟钝的特质。

2. "亲切大人"导致他们没长大

我们在成长过程中,会经历许多失败、会被责骂,有各种负面感受,透过这些经验,让我们得以学习成长,这就是所谓的反馈机能。

举个例子,如果小时候曾动手打了朋友,朋友很可能会反过来打你,也很可能会当场哭出来。这时候父母或老师就会指责你。从这样的经验当中,你就会学到不可以动手打人。

在人际关系上,也是同样的道理。若发现自己说话时,对方却提不起兴致,你就会知道原来说这些话题,让对方觉得很无聊。

擅自使用他人的物品,对方说:"那个人还真是厚脸皮啊!"或是开始讨厌你,这时候你了解,原来不可以做这种事。

如果要一一举例,可能会像在幼儿园上课一样,以结论来说,我们都是借由反馈,学习各式各样的事物。

即使长大成人之后,我们仍会不断学习,但是一个人究竟是否具备这种基本的感觉,会被成长的环境所左右。

举例来说,如果长相可爱或是成绩很好的孩子犯错,父母、同学或是老师,会拉宽标准、提高容忍度。虽然非常不公平,但这就是现实。

譬如有一个可爱的孩子拿了其他小朋友的玩具。一旦孩子们吵起来,长相可爱的孩子如果解释"我等一下就要还他了""我不知道这是××的玩具啊",很多时候,大人会很快原谅他。

于是,他们就会认为:"反正他们都会原谅我""原来我是很特别的""就算要强迫别人接受自己的想法(价值观)也是可以的"。他们会学到这种幼稚的万能感,在缺乏"不可以做××""如果做这种事会伤害到对方"的反馈机能下长大成人。

一旦人养成特权意识,最后势必成为一个麻烦人物。

这么看下来,或许你会认为只有长相可爱或聪明的孩子,会变成这种麻烦人物,但绝对不是这么简单。

没有玩伴,总和"专业大人"相处

近年来,有越来越多孩子处在容易被原谅的环境中,导致许多不同的问题。

最近的孩子们从小就会去补习或上才艺班,据说有些孩子,整个星期都被才艺课和补习班填满,连休息的时间也没有。

换句话说,几乎没有任何时间,可以跟其他小孩子一起玩,但是另一方面,他们却增加和补习班或才艺班老师——专业的大人——相处的时间。

事实上,这种状况会造成孩子在养成社交能力和人性时出现弊端。

比方说,钢琴老师并不会想要培养小孩子的社交能力,也不会想要丰富孩子的心灵。

当然,或许还是会有例外,也有想以这些为目标的老师,但基本上钢琴老师的责任就是让孩子弹钢琴的技术进步。

更进一步来说，对钢琴老师而言，与其让孩子的心灵成长、学习到社交能力，还不如让孩子持续来上课，在生意上更有意义。

这类专业的大人绝不会让孩子感到不愉快。就算孩子做出让人有点看不下去的言行，很多时候大人也会装作没看见。说得直一点，因为这不是他们的工作。

在补习班的中途休息时间，经常会看到孩子们跟补习班老师谈天说地，老师也看似听得津津有味。

学校里的老师根本不可能有这种闲工夫，父母也无法这么认真地听孩子们说话。除此之外，孩子们的同学或其他朋友，也不可能一直听他东扯西扯。

如果是在原本的环境里，小孩子会学习到："原来我一直讲个不停，对方就会觉得很无聊……""原来对方不会一直听我讲话……"但是，补习班老师这种牵扯到生意的大人就不同了。

对他们来说，这也是工作的一部分，所以有时候他们会亲切有礼、看似津津有味地听孩子们说话。

这么一来，就缺乏反馈机制，孩子们误以为自己讲话很有趣、大家本来就应该要听自己说话。

专业大人原来的责任，在于自己负责的领域，给予指责我们不能忽视亲切容许孩子的行为，带来的负面影响。

如果经常接触亲切的大人，孩子们会逐渐误以为"这样做也无所谓"。

最后，就会导致这些人在缺乏"不能做这种事""会给周围带来困扰"的反馈机制之下长大。

3. 自身价值得不到肯定,就会带刺攻击别人

在职场、朋友圈、和亲戚往来——无论是在何种环境之下,总会有人摆出高高在上的样子。他们为什么会有这种态度呢?

首先,以表面来看,我非常肯定他们拥有"自己很特别""我绝对不会错"的特权意识。潜藏在这种意识底层的心理,就是无论如何都要将自己正当化。

"再怎么说,念大学还是要读理工,不然念大学就没意义。"

"孩子的童年,如果没有妈妈随时在身边就太可怜了。"

像这样把自己的生活方式、价值观,强压在他人身上的人,仿佛在主张"我绝对是正确的""我的生活方式绝对不会错"。

客观地来看,生活方式或价值观本来就因人而异,绝不会有对错的差别。

但是,世界上非常多人都缺乏这种客观性,反而觉得"大家得要肯定我的生活方式或价值观不可"。

他们究竟为什么要这么辛苦地肯定自己的价值观,并强迫周围的人接受呢?

事实上,其背后的心理就是对自己的人生或日常生活,感到不满足。我们或许可以说成欲求不满。

请思考一下,如果一个人的人生很充实,对每天的生活打心底

感到满足,他还会故意跑去找人争论"我这种生活方式才是最棒的""他那个样子简直不行嘛"吗?

人生越是充实的人,越不会说出这种话。

会说出那些话的人,就是在心里某处觉得:"如果我不这么做的话,我的人生就会被否定……""自己的价值观会不会被否定呢?"这就是不安、焦虑和恐惧的证据。

为了要消除这种恐惧,他们借由否定别人的生存方式、企图提升自己的相对价值。因为如果不这么做的话,就无法担保自己的价值。

为什么要故意让对方不开心?

另一种人则和"把自己的价值观强压在他人身上"较为不同,他们会刻意说出对方在意的话。

"你最近是不是变胖啦?"

"你的发型看起来好奇怪!"

"你看起来气色很差喔,最近很累吗?"

乍看之下,他们很容易被认为只是比较迟钝、缺乏同理心,有些人不是特意说这些话,但有些人却是故意的。利用贬低对方,来提升自己相对价值。

比方说,"最近是不是有点变胖啦?"这句话其实隐藏"我比你瘦"的想法,不着痕迹地表现自己比较好。

这种状况经常伴随着羡慕、嫉妒,例如"你这么胖却交得到男友,我却交不到,让人无法接受",或"我的工作业绩虽然比不过你,

第二章 以否定、贬低别人为乐,这些现代人怎么了?

但我的外表可是不会输的"等原因,让他脱口而出:"你最近是不是变胖啦?"

他们会忍不住说出会伤害对方的言论,是因为对自己的处境或人生感到不满。

我们在后面将会详细谈到,这些人碍于自尊心,使他们就算感到不满,也无法直接表达"我很羡慕你""我其实很嫉妒""你交得到男友,我却不行,实在是太不甘心了",才会用这种"不着痕迹的攻击""伪装成迟钝的攻击"手段。

这种攻击在精神医学上称为"被动攻击",常见于乍看之下迟钝的人身上。

为了舒解自身压力,说话伤害他人

让我们稍微看得广泛一点,会发现近几年来,社会上增加许多欲求不满的人。

长年的经济不景气,使得人们无论在工作还是家庭,经常都无法顺心如意,许多人被迫忍受艰困。

因此大家都有许多压力、累积不满的情绪,只要稍微发生一点事,就会想说一些话伤害对方,或是对店员、服务人员采取蛮横的态度,做出过度的客诉。

我并非不了解这种心情。我也相信很多人心里都有这种感觉:"我遇到很惨的事,过得很不顺……""为什么只有我过得这么痛苦呢?"

但是也因为如此,他们就会认为:"所以我说这种话应该没关系吧!""这种程度,做了应该无所谓吧!"

　　长期累积下来,把擅自妄为变成稀松平常的事了。目前这种状况,在整体社会上确实越来越严重。

　　这是整个社会的问题,要找到解决的线索和契机也不是这么容易,但是至少当你身边出现麻烦人物、任意妄为的人时,请了解,我们正处于一个欲求不满的时代。

4. 地缘、社缘消失,现代人羞耻意识淡薄

大嘴巴、喜欢八卦的人,也是典型的麻烦人物。

如果只是随口讲讲艺人的八卦,那还无伤大雅,但如果把亲朋好友、附近邻居的事情当成八卦题材:"你知道那个人在外面有小三吗?""他们家的老公听说被裁员啦,好可怜……"反而令人吃不消。

除了让人觉得这种行为很没水准,也会让人担心自己是否成为八卦的话题。

但是我希望众人能理解到一点,无论什么样的人,多少都喜欢八卦。相信在你心底一定也有这样的一面,我自己也不例外。

当听到有人成功了、有人过得很幸福,可能会提不起兴致,但是一听到有人失败了或过得很不幸,会不自觉侧耳倾听。因为无论任何人,都会有觉得"他人的不幸甜如蜜"的时刻。

但是这种喜欢八卦的心态,可以从对方会表现得多露骨,看得出那个人的人格是否高尚。

大部分的人多少都会隐藏自己喜欢八卦的心态。因为如果对任何事都兴致勃勃地说个没完,甚至插手搅和,是非常羞耻的行为。

但是喜欢八卦或是大嘴巴的人,却几乎不会为此感到不好意

思,会为周围带来困扰的麻烦人物,对羞耻的意识是很薄弱的。

为何到处都是专找店家麻烦的客人与怪兽家长?

近年来,羞耻意识发生了很大的改变。

我们曾在第一章里提到,私人和公开领域的界限,逐渐变得模糊了。在过去,几乎看不到有人在大众运输上吃东西或化妆。

但是近年来却因为"我又不认识他们,他们要怎么想无所谓""反正我也不会再遇到这些人了"的想法,让羞耻心逐渐丧失。

日文里有一句谚语"旅途出丑不必顾忌",然而这种想法,似乎已经逐渐渗透到日常生活当中了。

比方说有对店员刻意找茬的客人、有对学校抱怨"为什么我们家的小孩不是主角"的怪兽家长。

近几年这些人逐渐成为社会问题,最根本的原因是羞耻的观念已经日渐稀薄,导致许多人的言行举止越来越旁若无人。

地缘、社缘消失的结果

为什么羞耻心的意识会逐渐改变、越来越多样化呢?

我认为其中最主要的原因,在于归属感逐渐消失。

以日本来说,自古以来在地社群发挥很大功效,互助是理所当然的,如果认为只要自己过得好就好了,是很难生活下去的。

换句话说就是地缘情感。到了插秧或收成的季节,当地人会全员出动到其中一家的田里去工作,结束之后再移动到下一家。

第二章 以否定、贬低别人为乐,这些现代人怎么了?

在以前各个地方都很常见到这种景象。

几百年以来,农业社会都是如此。但是随着社会与产业的变迁,这种地缘情感渐渐消失了。许多人完全不觉得一定要和当地人一起做事。

但是如果说是因为如此,现代人的归属感就消失了,那也并非如此。在地缘之后,出现是公司(社缘)。

过去社会上,普遍都认为终身雇用制是理所当然的,所以人们不希望让主管、同事看到羞耻的一面。

在这种归属感尚存时,如果自己擅自妄为,就会产生不好的后果,因此羞耻心还能够发挥功效。

但是近年来,派遣工等非正规雇用大增,转职跳槽也变得稀松平常,这么一来,社缘也逐渐淡薄,人们在群体中,失去归属感。

很多人抱持着反正没人认识自己的想法,开始觉得"只要自己觉得好就好了""跟别人没关系"。

因此我们可以说,现代已经变成一个可以容许迟钝的社会了,才会有越来越多就算一起工作,也不觉得要重视职场环境、维持良好人际关系、要为对方着想的麻烦人物。

5. 智能型迟钝者，轻视行为常会惹毛你

麻烦人物会做出令人困扰的行为，原因在于迟钝、不成熟。

这的确是事实，不过在迟钝的人当中，还有假装迟钝的智能型罪犯混在里面，所以必须提高警觉。

比方说在第一章里提到的随便型。假如有一个人比约好的时间晚了十或二十分钟，如果他只是口头上道歉，完全没有反省的话，那他就是这种类型的人。

或许真的发生无法避免的事，让他不得已迟到了。但是经常迟到的人，有很多都是在心底看轻对方，觉得迟到也无所谓、不是什么大不了的事。

有的人甚至还会觉得"让他稍微等一下有什么关系"而刻意迟到。

如果是这种状况，用迟钝（不成熟）来解释是说不通的。因为他们很明显是在攻击对方、刻意找人麻烦。

在这里，比较让人困扰的，是我们不知道对方是故意还是不小心。

这种非直接性的攻击，让人无法判断究竟是故意还是失误，便是前面介绍过的被动攻击。不过世界上确实有很多一面假装迟钝，一面发动被动攻击的人，所以要特别注意。

第二章 以否定、贬低别人为乐，这些现代人怎么了？

间接性攻击，他是故意的

相信大家都碰过，无法判断究竟是故意还是单纯失误的例子：忘了联络重要的事项，传达错误的信息，明明拜托他一件事，却迟迟不去做，面带微笑说让人受伤的话，借东西迟迟不还，或是需要回信的信件，却好几天都无声无息。这些动作，就够让人烦恼的了。

然而，当你开始思考"他这样做到底是不是故意的，还是真的什么也没想"，又增加了一项烦恼。这就是被动攻击一个很大的特征。

被动攻击另一个麻烦的地方在于，对方的攻击动机不太明确。

比方说，你和一个人约好要见面，但他总会迟到十分钟左右。光看这个状况，或许会觉得对方是个比较散漫的人，然而实际上，也很有可能是对方对你抱持着负面的情感，所以故意迟到。

其中的理由可能是"因为你快要结婚了，我觉得很嫉妒""你进了比较好的公司我觉得很不爽"等。很多时候，这些理由会让被找茬的一方觉得目瞪口呆："原来你是这样想的啊？"

发动被动攻击的一方，对你带有羡慕或嫉妒的情绪。然而他们不好意思、无法率直地表达这种情感，自尊心也不容许他们这么做。所以才会故意装作迟钝，发动被动攻击。

这对于认真率直的人或许很难想象，但是有很多人都会用这种方式发泄情绪。

我希望你要记得世界上，有带着迟钝面具的智能型罪犯存在。

接下来的第三、四章，就要来解说无论是碰到智能型罪犯，还是真正迟钝的人，都能妥善应对、保护自己的方法。

第三章

做人要厚道,但回嘴要够辣
——容忍会变成帮凶

在接下来的第三、四章里,我针对"能够面对麻烦人物,且保护自己"的应对方式加以说明。

首先第一步,最重要的就是不要容忍对方。

前面提到许多次,这些麻烦人物毫无根据地相信自己会被原谅。

不知道各位有没有听过"enabler"?意思是使其成为可能的人,简单来说就是推动者(口语的说法是帮凶、纵容)。

比方说,在很多酒精依赖症候群患者身边,都会有推动者。这种人通常都会在患者身边照顾他,有时候还会给他零用钱,但患者却拿零用钱去买酒,因此无法摆脱酒瘾。这种让"负面状态"成为可能的人,在精神医学上称为推动者。

事实上,麻烦人物和他身边的人,也经常陷入类似的关系。

回嘴才是最强的防御

如果周围的人说"因为那个人很迟钝""那个人比较自我中心,所以没办法"而原谅麻烦人物,在不知不觉间成为推动者,麻烦人物才会永远处于相同状态,甚至变本加厉。

重点是你要理解这点,并表现出不会原谅对方,才能够保护自己。用"无论是为了对方还是为自己好,都不能太容忍、放任"的态度面对他,就是最有效的反击。

虽然在第一章曾介绍许多类型麻烦人物,不过应对诀窍却是不变的。

在本章中,我把这些诀窍大致分成七种类型,无论你遇到哪种类型,必定都能找到能够应对的方式。

第三章　做人要厚道,但回嘴要够辣——容忍会变成帮凶

1. 不能硬碰硬时,先讲几个字再回嘴

我们会因为麻烦人物而烦恼,最大原因就是不知道对方是否带有恶意,因此也无从判断要以什么方式应对。

不管对方有没有恶意,只要你感到不愉快,且蒙受困扰时,双方的关系就是有问题的。我的理论是无论是哪一种,你都可以态度强硬。不过如果是职场同事、邻居等较敏感的人际关系,就没办法采取硬碰硬的方式了。

这个时候最实际的应对方式,就是要先妥善运用缓冲用语,再说出自己的想法或期望。

当对方说了伤人的话,而你想要反驳时,你可以先说一句:"或许你只是在开玩笑……"

在职场上,如果想要警告行事随便、态度松散的人,你可以先说:"很多事都辛苦你了。"或者是在后面接着表示:"我知道你很努力。"

只要先说短短几个字的缓冲用语,就可以让你接下来想要表达的话更容易说出口,对方也会比较容易接受。

> **以笑脸先说一句:**
> "或许你只是在开玩笑,但是我听了很难过,所以请你

别再这样了。"如果对方说话还是很损,你要精选一项他的缺点回嘴:"我也没说你的脸很长(很丑、官职小……)呀!"

以感谢当开头,警告行事随便、态度散漫的人:

"一直以来真是谢谢你了。但是……(表达期望)"

2. 不理他各种巧辩，你重复一样的话

自我中心的人会滔滔不绝炫耀自己的事迹，装熟魔人型会毫无禁忌挖掘隐私；不知羞耻型的人则常常借他人的用品不还，还不当一回事……一旦和这种麻烦人物扯上关系，就会被对方摆布，自己的情绪和步调都会遭到他的无视。

在这种状况下，最重要的就是要有明确的设定标准，如"如果超过的话，我是不会原谅你的""这条线之后禁止进入"。

举例来说，对于讲话总是滔滔不绝的自我中心型人物，你要告诉他："再三分钟，我就要出门了。"

装熟魔人经常会传一些像日记一样的简讯，搞不清楚如何保持人与人之间距离，你要说："对我来说，一个星期一通简讯是最适合的频率。"

像多啦A梦里的"胖虎"一样属于不知羞耻型的人，认为他人的东西就是自己东西，你得宣告："之前借你的东西没还我以前，我不会再借你其他的东西。"

为了不让你的领域被侵犯，最重要的就是主动画出一条界线。

先说出自己的限度：

老是讲个没完的人又来了，你要一再回话："我等一下跟别人还有约。"

借了不还的人，要先说："我明天有很重要的场合需要用，所以你无论如何都要还我。"

重复又重复，发出最后通牒：

"下次就不能这样啰！"

3. 对上级，威胁是最有效的防御

若对方是主管、前辈或长辈，甚至是自尊心高的人，很难用反击表达态度。相信有很多人在职场上，常因课长的无理要求或讲话而反复被耍得团团转。

遇到这种人时，最好在礼貌结尾对话开头，加入一点威胁语气：

"这种毫无道理的事，我做不到。做不到的话，就会造成课长您的困扰。是否可以请您再考虑一下呢？"

"这和我之前听到的不一样（要拿出记录），如果经常变更工作指令的话，会影响到工作进度，一旦速度变慢，相信也会增加主任您的负担……"

你可以告知他，这么做会带来哪些负面影响。就算是很迟钝的人，对自己的得失还是很敏感，所以威胁是非常有效的攻击招数。

当你这么做之后，很有可能会被认为是"麻烦的家伙"，不过这总比被认为是"说什么都会照做""不管怎么样都会容忍"的人要好得多。

礼貌回答前,先指出负面影响:

"因为我不想造成您的困扰,所以是否能请您这样做呢?""下次再这样的话,会被罚钱的喔!"

戳中对方的痛处:

"男人说那种话,实在有点可耻唉。"

4. 婉转无用，拿"我"当主词直白抗议

在面对缺乏感受力（措辞伤人）或自我中心（小王子、公主型）的人，如果你太过婉转或是使用缓冲语言，对他们来说，都是没有用的。因为他们只看得见自己想要看的事。对于这种人，你只能提出直接的抗议。

不过请注意，在抗议时不要把对方当成主词，意思是不可以使用"你真过分""你真的很自我中心"的说法。

同理心迟钝的人基本上都是自恋且自尊心很强的。如果用"你啊……""你这个人……"，对方会认为自己遭到责难，反过来说"我才没有做错呢""我本来的意思不是这样"来正当化自己的行为。就算你的主张是正确的，如果对方不接受，就没有任何意义。

所以你要把"我"当成主词来抗议：

X→"你为什么没有报告？"

O→"因为没看到报告，所以我很困扰！"

X→"你到底打算要借到什么时候？"

O→"如果还给我的话，我会很感谢！"

光是在说法上花一点心思，说不定对方就会觉得是自己不好。

以我的立场说出抗议:

"希望你站在我的立场想一想,等了这么久的心情会如何。"

"因为我很相信你,所以真的觉得很受伤(或损失惨重)。"

5. 把其他人抓来当战友："大家说……"

虽然有时候你会想要对迟钝的人说些什么,让他注意到自己的言行已经造成困扰了,可是不知该怎么开口才好。

我建议,你可以使用"我听到了一个传闻"的说法。

比方说,有个人讲话总是滔滔不绝,不知道什么时候才会结束,但如果直接对他说"你的话未免也太多了吧!""其实我觉得很无聊……"很有可能会破坏双方的关系,因此你可以这样说:"大家都说你的话好多……"

这种人就算被平常个性温和的人相劝,也会轻率觉得:"反正只有他一个人这么想吧!"说不定还会在心里嫌你啰唆。但如果有人告诉他:"大家都觉得……""别人都说……"他应该也会觉得不太好。

或者也可以不针对他的行为,而是假装闲聊八卦"一般人都这样……",不经意地刺他一下。

举个例子,如果有个人老是喜欢在话里面夹杂很多英文"那个 agenda(工作事项)……""我跟你说,双方合作还是 synergy(综效)最重要啦……",你就可以假装是在告诉他大众的意见,给予他忠告:

"对了,我之前在网络上读了一篇文章,上面提到讲话喜欢掺杂英文的人很不讨人喜欢呢。你觉得呢?"

> **使用"大家":**
> "大家都说你的嗓门很大唉。"
>
> **假装只是在闲聊:**
> "会××的人真的是很讨厌。你不觉得吗?"

6. 把对方视为可怜之人

若遇到无法隐藏不安、情感外泄的人,你就要想他们都是一些可怜之人。

他们就算对自己的生活或处境感到不满、不愉快,却无法自行消化处理负面情绪,只能发泄在周围人身上。以这种意义来看,他们因为无法被满足、无法获得报答,而充满不满情绪,可说是很不幸的人。

一旦遇到这种人,你可以采取"上对下"的态度,在心里想:这个人也是很辛苦啦。在我们看不到的地方,大概过着很艰困的人生吧。

换句话说,在与他接触时,以从容态度同情对方。

甚至,你可以稍微敷衍响应:"喔,是吗?""哎呀!原来如此!"并且面带笑容把话题带过去,这也是一种明智的应对方式。

如果不是长辈或主管,也可以拼命地称赞他、开他玩笑。因为对方很有可能下意识期待你做出受伤或很冲击的反应,所以你要违反他的期望,淡然应对,并且在心里默默地说:"辛苦啦,要怎样随便你吧。"

从正面怜悯他,你可以这样响应说话毫不掩饰情绪的人:

"竟然说出这么失礼的话,你实在很可怜,是在家里受气吗?"

酸酸地称赞说话高高在上的人:

"哎呀,我看你年薪已经轻松超过一百万了吧?""哇!贵子弟想必是我们小时候觉得很厉害的那种好好学生吧!"

装傻地附和:

"嗯嗯、是喔、哇!"

7. 以牙还牙，以迟钝对付迟钝

对于迟钝的人，我们也可以用迟钝来回敬他。假设你在职场上，看过某人擅自使用自己的便条纸，首先要做的就是把便条纸收进抽屉里。

如果对方问你："可以跟你借一下便条纸吗？"

你就要沉着地回答："对不起，我也没有了。"

当然，如果自己要用的时候，你还是可以从抽屉里拿出来用，相信几乎不会有人在这个时候还故意说："你明明就有便条纸啊！"就算有人这么说，你也可以再次装傻："哎呀，原来放在抽屉里啊。"这样就可以了。

最大的重点就是迟钝。毕竟对方以迟钝为武器给你添麻烦，那你也可以利用迟钝当挡箭牌，把对方的攻击反弹回去。

如果对一般人使用这种方式，你很可能会变成一个讨人厌的家伙，所以要特别小心。但如果是对分不清人与人之间界限的迟钝人物，请别忘了，有时也必须要用迟钝来应付他们。

> 用"迟钝"回敬：
> "不好意思，我也没有啊！"
> 抬举他，让他顺你的意，为你服务：
> "这个能不能也顺便麻烦你啊？"

第四章

这样回嘴,不破坏关系又能解决问题

在这章,我们会针对各种不同的具体案例,看看该采取何种战术。

说话经常变来变去、讲话老是滔滔不绝、说谎说得像呼吸一样稀松平常、自我感觉良好等,世界上充满各式各样的麻烦人物,多到无法一一列举。

本书大致上分成职场、朋友、亲戚与男女等三大类型来说明。

请先记住第三章提到的七种基本心理准备,再继续阅读下面的章节,这样能更鲜明地想象实际状况。

在每一个项目的最后,都会统整出回嘴方式的雏形。根据不同的例子,也会同时列出温和跟强硬的应对方式。

如果对方是长辈、上司,无法跟他硬碰硬,或不清楚对方究竟有无恶意,让人不知该如何反击时,你可以试着先采用温和的应对方式。

若是你试过温和方式,却完全没有看到反应,或者是看到很碍眼的行为、受到非常明显有恶意的攻击,那么你应该强硬且勇敢地面对他。

1. 笑着说伤人的话

某些人就是可以面带若无其事的表情,说出非常伤人的话,仿佛让人受伤也没什么大不了。

因此,听话者会搞不清楚他到底是故意、无心,还是少根筋,让人苦恼不已。

在制造业上班的三十多岁女性 I 小姐,经常因为同期入职的女性员工 M 小姐,而感到不愉快。

每次在公司走廊上遇到 M 小姐,她就说:"I 看起来很累的样子啊。最近很常加班吗?"I 小姐最近并不怎么忙碌,所以回答她:"没有啊,我都很准时地下班,也很规律地睡觉。"没想到对方却笑着说:"哎呀,你这样算是有好好地睡觉吗? 真是太可怜啦!"

虽然她嘴巴上说可怜,但是从她的态度里,完全感受不到一丁点的同情。

每次遇见 M 小姐,她就会做出这种反应,说一些狠狠刺伤 I 小姐的话,让她感到很不开心。

相信很多人身边都会有这种面带微笑口出恶言,或若无其事说出伤人话语的人,因为不知道他是不是真的有恶意,所以让人很困扰。

为了要明确分辨对方究竟有没有恶意,必须观察对方是否重

第四章 这样回嘴，不破坏关系又能解决问题

复一样的行为。

如果只是单一次的行为，顶多只有两次，那对方可能只是不小心说错话，或一时思虑不周。但若是反复很多次的行为，不论对方是否有所自觉，他的言行举止很肯定就是出于敌意或嫉妒。

以 I 小姐的例子来说，她多次遇到对方出言不逊，因此我们能断定 M 小姐属于后者。

为什么有人会像 M 小姐一样，面带笑容口出恶言呢？他们究竟是出于什么心态，才会做出这些行为呢？

在第二章中曾经提过，M 小姐会刻意说出这些话，是因为她对自己的日常生活感到不满，或可能对 I 小姐抱有某种羡慕之情。

比方说 I 小姐因为业绩优秀，而获得主管的关注，又或听说 I 小姐有一位很优秀的男友，但 M 小姐觉得自己长得比较漂亮……说不定是这类的原因，M 小姐在心里感到嫉妒。

然而她又不能直接把嫉妒表现出来，因此才会故意借由对谈来说出伤人的话，把 I 小姐当作发泄管道，不断进行攻击。这种人就是属于无法隐藏不安类型。

如果老是为了这种人生气，不但容易感到疲惫，对人生来说也是一大损失。最好的做法就是轻描淡写、华丽地回嘴，让自己觉得痛快就行了。

在这里我要介绍两种回嘴方式。

首先，如果是对于没有恶意、单纯只是比较缺乏同理心的人，或者是处于灰色地带，让人无法分辨到底有没有恶意的人，那你可以使用温和的说法：

"或许你是出于关心,但是这种话让我很伤心唉!"

"也许你只是想开个玩笑,但我心情变得很差,可以不要再这样讲了吗?"

重点就是要表达出你的感受"这么说让我很受伤""我觉得很不开心"。

这些没有恶意的人,基本上缺乏感受力、无法考虑到"听到自己的发言后,对方会有什么感受",所以要明确地向他们表达心情。

在前面,记得使用"你可能是出于关心""虽然你只是在开玩笑"等缓冲用语,这样就可以给对方留点面子,也不会引起多余的风波。

接下来,对于说了很多次令人不快的话语,很明显是有恶意的黑心对象,请务必要使用强而有力的表达方式。遇到了这种对象,请明确地告诉他:"我已经发现你的恶意了。"

"看到我这么累你还这么开心,你平时大概过得蛮可怜的!"

"这么过分的话,你却非说不可,实在是很替你担心呢!"

最好就是在说了这些话之后,迅速结束话题。重点就是不要对对方发脾气,而是要表现怜悯、同情。

因为对方想要站在比你更有优势的立场,所以就算你听到恶劣话语而愤怒,对方也不痛不痒。还不如说他反而会觉得很开心。

对他来说,最讨厌的就是被看不起、怜悯。所以你要在心态上提高姿态,并且告诉他"你很可怜"。

换句话说,就是要暗中传达:"我对你说的那些恶劣的话一点都不在意。反倒是你这么嫉妒我,说出这么低级的话,真是可怜。"

接下来就等着对方感到不甘心吧。

> **用这招!**
>
> 温和说法:"或许你是在开玩笑,但是我听了很难过,请你不要再这样了。"
> 强烈说法:"竟然对我说出这么过分的话,你的心态挺可悲的。"

2. 装迟钝,还是真迟钝?

"这个人为什么会这么迟钝、这么不机灵?"相信你曾碰过让你想在心里这样大喊的人吧。

譬如说明明会挡到大家的通路,这个人却仍站得挺直、不移动;跟主管一起出席饭局,明明有大盘菜上桌了,某下属却不会主动分菜,在前辈们开始动作之前,只是傻傻地坐位置上;妻子感冒了卧病在床,丈夫却完全不会主动做家务,脱下来的衣服随处乱丢,还瘫在沙发上看电视。

世界上就是会有这种让人看了哑口无言的人。

有位二十多岁男性在公司的总务部工作,他有一位非常不机灵的后辈,这位后辈完全不做部门里面的任何杂务。

听到电话响了他不接,也不会取传真,就算发现复印机的墨水或纸用完了,他会装作没事似的掉头就走,也不会清空碎纸机里的纸。

除此之外,就算看到前辈在开会前做准备、开会后收拾,也一副"不干我的事"的态度,若无其事地回到座位。

据说他从来没听过这位后辈主动表示"让我来做吧?"或"需不需要帮忙?"。

不知是过于迟钝,还是他觉得这本来就不是自己的工作,他这

第四章 这样回嘴，不破坏关系又能解决问题

些行径，让部门里所有的人都觉得傻眼。

有几种方法可以对付这种不机灵的人。

首先，如果对方真的很迟钝、没有察觉，他们通常都是忙于自己的事情，无法察觉周围其他事物。

无论是电话响了还是传真来了，他们很可能心里正焦虑地想着："要赶快做下一件工作才行！""早上那封邮件还没回呢！"或是因为"周末的约会要去哪里才好？"这种私人的事占满脑容量。

所以即使看见复印机的纸用完，这件事也无法传达到他的脑子里。虽然这种人没有恶意，但也很令人困扰。

此外，这种人很可能是等待指令类型，认为在职场上只要做别人叫他做的事就好了。

如果主管或前辈没有下指令要求他去做，他就完全不做，或觉得不做也无所谓。这种人其实还挺多的。

最近年轻人当中也有不少这类的人，虽然他们非常认真、拼命地去完成被交代的工作，但也只做这些事而已。

如果前辈拿了很多重物，告诉他"你来帮忙一下"，他就会马上过去帮忙，但如果没有任何人下指令，他即使两手空空也觉得理所当然。

如果你遇到后辈或下属，是属于脑子无法接收杂务信息或是只会等待指令的类型，当他碰到事情却不去做时，你就要一一地告诉他：

"电话在响，快去接！"

"公司规定如果复印机的墨水用完了，要自己去补充。"

"开会的时候,要帮忙事前的准备和事后的收拾。"

"这些全都是你的工作!"

你必须有耐心地教育他,想办法把杂务放进对方的工作列表。

你或许会感叹:"都已经出社会了,还要这样一个口令、一个动作地教吗?"很遗憾,这就是现实。

你必须知道,教育部下也是你的工作之一。

另一种类型则自以为是觉得:"这种杂务才不是我的工作!"

有些人毫无来由、一生下来就抱有特权意识,狂妄地认为:"我在工作上的成绩很好,所以不用做其余杂事。"

这种人听到电话在响,很可能会装作没听到,再不然就是一开始就预料有其他人会接电话,所以表面上装装样子说:"哎呀,慢了一步!"

遇到了这种狂妄自大、耍小聪明的家伙,你必须清楚地告诉他:

"你这种态度真的很不像样。"

"就算是有其他的工作,主管和前辈还是有看到你这种行为。"

"大家都知道你只是装装样子,没有打算要接电话。"

重点就是不容许他有这些行为。

相信对方听到这些话,也会冒冷汗,暗自心想:原来他早就发现我只是在装样子而已……

在你警告他之后,他开始规矩地处理杂务,相信你一定也会觉得很痛快吧。

除此之外,可以试着制作杂务的进行顺序社规,半强迫性地让他遵守制度、规则,这也不失为一个好方法。

如果是真正迟钝的人,只能有耐性地指导他;如果是自以为是、耍小聪明的狂妄家伙,那重点就是要让他知道"我已经看透你的居心了"。

> **用这招!**
> 温和说法:"这些也是你的工作喔!"
> 强烈说法:"你这种态度是很要不得的!"

3. 态度随便、吊儿郎当的人，欠矫正

随便、吊儿郎当的人，可以说是"没有恶意的麻烦人物"的代名词。

这种类型的人无法把自己的周围环境整理干净、无法把物品管理好、做什么事都丢三落四、嗓门太大、看起来缺乏清洁感……他们或许天生就是这种个性。不过他们没有想过要攻击任何人。

然而缺乏自觉的行为，仍为周围带来许多麻烦，也是不争的事实。很多人都不知该怎么劝告这类型的人，因而感到相当烦恼。

任职于出版社的R先生，办公室座位隔壁的同事，不论做什么事情，动作都很大。橡皮屑总是弄得到处都是，钉书针也常常喷到R先生的桌子上。这位同事的办公桌非常脏乱，叠得像山的资料，甚至曾经山崩垮下来。就算别人想要贴留言便条纸，也无处可贴。

平常他说话音量很大，当他在隔壁讲电话时，就连坐在一旁的R先生耳朵也会嗡嗡作响。

不只如此，他还经常自言自语："好累啊！""这什么资料嘛，根本没用！""怎么这么晚了？""可恶！"一直碎碎念个没完。

虽然他很认真地工作,但不断干扰周围的人,反而让人不知该说什么才好。

无论什么地方都会有随便做事草率的人,但衡量的基准又会因人而异,所以很难界定怎样才算顾虑周围的人。

但如果像R先生隔壁这位同事一样,让很多人感到过分、困扰,最好的方式就是请主管去劝告。

主管负责管理整个部门,所以创造出工作舒适的环境,也是主管的工作之一。要做好主管的工作,就是应该要告诫这种人:

"你会造成周围的困扰,所以讲话要压低音量。"

"至少要把办公桌整理到不会打扰到隔壁同事。"

要怎么做也影响你与这个人的关系和距离,不过原则上还是可以试试请主管劝告。

尤其如果对方有严重的口臭、体味等,属于非常敏感的问题,如果能经由主管出面,被劝告的对象或许也会少受一点伤害。

尽管如此,如果在你可以自己说的范围内,你想要直接劝诫这位随便的人,那你可以妥善地利用传言形式:

"有很多人觉得订书针到处乱飞很危险呢!"

"大家都说你讲电话的声音太大了。"

"其他部门的人说你的桌子再不整理,都没有地方可以贴留言便条纸了!"

重点是不说"因为我很困扰,所以希望你改一改",而是要温和地告诉他:"大家似乎都很困扰,所以改一下比较好喔!"

如果能这么说,对方也会知道这是出于善意的提醒,而不是在找麻烦,所以不会让双方的关系产生裂痕。

如果想要更进一步,可以这么说:

"××课长上次说你的桌子太乱了,再不整理,下次可能会被他骂喔!"

"如果惹了公司里的女孩子不高兴,可就麻烦啰!"

在话语中带点为对方着想、担心的语气,也很有效果。

虽然不是在威胁对方,但是要告诉对方:"不注意的话,会有负面影响喔!""所以还是改一下比较好!"

重点就是让对方知道"大家都很困扰"或者"会对你自己造成伤害",而不是"我觉得很困扰"。

劝告时,务必不要让他人听见。如果在大庭广众之下劝告他,很可能会让对方觉得羞耻、感到消沉。你必须顾虑到对方的感受,走到他身旁小声地对他说,或是在别人看不见的时候,传个简讯告诉他。

劝告要在私底下进行,本来就是人与人相处的基本。如果要传简讯,不要只写希望对方改进的地方,最好加上关心句子"辛苦啦!""别太累啰!"等。

这么一来,对方也会认为你是为了自己好,所以说了很难开口的话,对你也不会产生反抗心。

虽然这些看似很麻烦,但如果对方因此而有所改善,那就只是举手之劳而已。

你的目标是要劝告对方。这类型的人绝对不是出于恶意,所以如果在劝告时，能同时顾及对方的感受，绝对能达成双赢的效果。

> **用这招！**
> 在职场上，可以透过主管进行告诫，如果是私下纠正他，可以说：
> "大家都说你的声音有点太大喔！"
> "如果不改一改，可能会有麻烦喔。"
> ※要记得加上"辛苦了！"等缓冲用语。

4. 他朝令夕改，你得语带威胁制止

对下属来说，再也没有任何事，比主管的朝令夕改要来得更困扰了。

三十多岁的 D 先生，在某位四十多岁的主管底下做事，这位主管讲话经常变来变去。

有一次，在 D 先生提出策划书之后，主管告诉他："回去把这里改一改"，过了几天他按照主管的指令，把修改好的策划书再度交出去，没想到主管又指着同样的地方说："如果改成这样，应该会比较好。"

D 先生暗自心想：再改回来的话，不就跟我原本提出的策划书一样吗？但面对主管的指示，他只能默默地重新修改。

如果遇到了这种主管，这种事简直稀松平常，不光是 D 先生，整个部门的人都常被他耍得团团转。

D 先生常常感到很愤怒，不知道主管究竟是故意整人，还是缺乏领导能力。

在这个例子当中，很明显就是主管领导能力不足。

当然，带领下属时，要做的事也会很多，他可能忘了自己之前下的指令。但是正因为他并没有明确方针，所以说的话才会变来变去。

除此之外,由于处于主管的立场,他觉得要想办法带动下属,所以无论下属浪费多少时间,他都认为"这不是什么大问题",也就是说,他沉浸在身为主管特权意识的快感当中。

在面对这种主管时,最低限度的防御措施,就是取得承诺、留下记录。尽量避免口头的沟通,最好留下书面记录或者电子邮件。

如果非得要口头沟通的话,要当着主管的面前写下笔记,下次如果主管说不同的话,可以把笔记拿出来给他看,再次向他确认:"上次您是这样说的,这次确定要改成这个方向,没错吧?"这么一来,对方就会认为:"不能对这个家伙随便说说。"

另外,如果能在话中加进一些略带威胁的语气,如"您这样做的话,对您也会带来坏处喔""我已经按照您的指示去修改了,但如果您经常改变指令的话,不仅增加工作的时间,也会造成您的负担……",更能增加效果。

对主管来说,一旦面临可能对自己带来坏处的状况,他会变得比较认真。

说话经常反复的人,大致上来说都是自保意识很强的人。所以略带威胁的信息,比想象更有效果。

但这里不是要你提高音量大声说出这些话,而是要一脸正经、悄悄地告诉他:"我是因为不想为您带来麻烦,才提醒您的……"

"如果每次都要检查,会增加您的工作量,所以是否能请您下一个'能在最短时间之内完成'的指示呢?"

对于这种主管,请不要让他认为你是"说什么都会听的下属",

而是要让他认为你是"有点麻烦的下属",这种程度才是恰恰好。

用这招!

温和说法:"您之前是这样说的,这次确定要改成这个方向吗?"

强烈说法:"因为我不想造成您日后的困扰,所以希望您可以××。""因为不想增加您的工作量,所以可以请您××吗?"

5. 对付找借口打混的人

在公司埋头认真工作一段时间之后，突然发现坐在前面座位的同事离开座位很久了。这位同事拿着手机去厕所，已经十五分钟以上了。想必又是跑去玩手机偷懒了吧，真是让人忍不住想叹气——不知道在你工作的职场上，是否也有这种令人生气的人呢？

主管说要出去抽根烟，却很久都不回来；同事说要去外面跑业务，却跑到网吧去消磨时间——无论是哪种公司，都会出现巧妙偷懒的人。

这种人就是第一章中介绍的不知羞耻型。

在这里，我想要介绍一则我听过最夸张的翘班案例。

在大学里担任秘书的女性告诉我，她有一位同期的女性同事，竟然在生理期来的好几个星期以前，就事先请假，据说她每个月都会在某个时间点，依自己的心情休假。

在好几个星期以前，就先提出生理假，因为收到假单的主管是男性，看到"生理期"也只能批准。每个月她就用这种方法来翘班。据说她还会利用生理假去美容院之类的地方。

男性上司当然隐约也察觉到了，所以会不经意地询问其他女性秘书："她的状况是不是特别严重啊？""她每个月是不是都会请生理假……"但其他秘书也不知该如何回答才好。

其他的人都利用周末假期，在人潮多的时候去美容院，所以很多人对这名同事总是使用生理假翘班感到非常愤怒。

这其实是一个非常敏感的问题，也很难解决。相信这位翘班的女同事，就是知道这一点，才若无其事地利用生理假吧。

遇到这种状况，顶多只能找个女性去向她抱怨："你的生理期还真固定啊。我的生理期都不太固定，没办法在好几个星期之前就请好假呢！"

这么做还是能让她了解"我知道你都在用小聪明方法翘班"，或许能让她之后不会再这么光明正大地请假了。

像这种这么露骨的例子比较少见，大多人经常听到的，是在工作中经常以上厕所为借口偷懒的下属，如果是女性的话，更难提出劝告。

无论是去厕所或者抽烟，休息本身并不是坏事。再说，一个人上厕所的时间很长，也不代表他就一定在偷懒。

但最要不得的就是对灰色地带置之不管，这样反而变成容许他的行为。

如果是很明显一直长时间离开工作岗位的人，你可以小声地告诉他："一直离开座位的话，主管都有在看喔！"

光是这样暗中告诉他"其实大家都知道你在偷懒""我们都看在眼里"，就是非常充分的警告了。

如果这样对方还没有改善，而你想要更强烈劝告的话，可以这么说："你如果休息得太频繁，会拖延到我的工作。"重点就是要告诉对方，他的行为会对你造成实际的损害。

如果不这么做,说不定对方还会理直气壮地认为:"我要休息多久,不干你的事。"

> **用这招!**
> 温和说法:"你一直离开座位,主管都有看在眼里喔!"
> 强烈说法:"你老是跑去休息的话,会增加我工作的负担!"

6. 对不愿负责的人说："你的损失更大！"

令人遗憾的是，世界上到处都有不讲道理的主管、不负责任的上司、不想教育下属的领导者。

某间企业的 G 课长，对新进员工 B 先生的态度总是非常严厉。

当 B 先生不小心犯错，他就会唠叨地骂他："不是之前才教过你吗？""你之前也犯过同样的错误吧！""为什么你总是教不会？"

B 先生被骂了之后变得畏畏缩缩的，表情越来越阴暗。

的确，B 先生有做不好的地方。但是毕竟对方只是个新进员工。而且，G 课长并没有教导 B 先生具体的方法，也没有告诉他该如何解决问题，所以 B 先生也无所适从。

此外，G 课长还会说："这难道是我的问题吗？ 不是吧！"企图寻求其他下属的认同，所以其他下属也只能回答："是啊……"他的态度可以看出来，他不想负任何责任，B 先生不会做事，都是他自己的错。

为什么会有这种现象呢？ 与其说 G 课长因 B 先生的失误生气，不如说是在别的地方累积许多负面情绪。

"G 课长被他的主管严格地对待""同期的同事之间，只有他晋升不顺利"或者"家庭生活里发生了某些问题"等，他很有可能把这

第四章 这样回嘴，不破坏关系又能解决问题

些情绪转移到B先生的身上，把他当成沙包发泄。

为了要改变B先生和G课长之间的关系，B先生自己也应该要展现斗志才行。

我非常了解这样要求一位新进员工，有点过分了，但如果遇到像G课长这类的人，只按照他说的做或是不会反驳，对方就会越来越得寸进尺。忍耐并没办法改善状况，更有可能会使情况恶化。

所以你要这么说："我真的很抱歉，为了今后不再犯相同的错误，是否可以请您教我该怎么做呢？因为我不想再犯同样的错误，造成您的困扰。"

如果能说出以上这段话，下一个阶段，希望你可以鼓起勇气这么说：

"对不起，我犯了错。但如果被您这么严厉地责骂，我接下来可能没办法继续好好地工作。"

如果做到这个程度，对方的态度仍没有改善，那就属于课长职务怠慢或是职权骚扰，我建议你找其他前辈或主管商量，让同部门的前辈和那位主管说：

"课长，你不换个说话方式的话，经理很可能会觉得你的EQ有问题喔！"

"如果不好好指导他的话，说不定会影响公司对课长您的评价啊！"

要是旁人能够助攻的话，就是最理想的了。像G课长自保意识都会特别强，所以通常采取"会给你带来损伤喔……"的轻微威胁是很有效的。

有很多时候,就像这个例子中的新进员工一样,在小部门里发生的问题,是一个人没办法解决的。这时候希望身边的人,都能在不影响到自身权益的范围内,对他伸出援手,拉他一把。

> **用这招!**
>
> 温和说法:"为了不再次造成课长的困扰,能请您告诉我是哪里出了错呢?"
>
> 强烈说法:"如果不换个方式说话的话,大家很有可能会觉得你情绪管理出问题喔!"

7. 缠着你讲不停没重点？好解决

其实到处都有不管对方当下方不方便，仍滔滔不绝的人。

某位从事业务的男性，他的前辈讲话总是没完没了。

毕竟是同一个部门的前辈，彼此间经常会谈到工作相关的话题，但前辈不仅说明很长，还会掺杂一些自夸的话，甚至会说一些跟工作内容不相关的小知识。

由于两人的交情并不差，私下偶尔也会一起吃饭、喝酒，但就算一起去吃饭，他也只顾着讲自己有兴趣的话题，如"我在学生时代很受女孩子欢迎喔！""我以前很辛苦呢！"对方完全不感兴趣的话题。

据这位男性表示，他经常暗想：这个话题以前早就听过啦！有时候觉得前辈不断提起这些话题真的很烦。

不光是主管或前辈，相信很多人都为了讲话滔滔不绝的人而苦恼吧。

说到底，这种人全都以为自己的话很有趣，大家都听得津津有味，而这一点正是最麻烦的地方。

尤其是有些男性，因为想要听到周围称赞"哇！好厉害！"，因此很喜欢炫耀："我知道这种事情喔！""我有过这种经验呢！"

当你非得要跟讲话没完没了的主管、前辈说话不可时,有一种方法就是趁你在没有太多时间的状况下去找他。比方说,三十分钟之后要开始开会,或者是等一下要外出:

"不好意思,等一下会议就要开始了,我没有太多的时间。"

"我和客户约好了待会要见面,所以只剩下二十分钟左右。"

重点就是一开始就要告知你的状况,再开始对话。

如果一直心想"哎呀,时间很紧迫……"却又说不出口拒绝,只会在心里徒增压力而已。为了不要演变成这种状况,一开始就告诉对方你没有时间。

若在一开始就画出时间的底线,就算对方说话只说到一半,你也比较容易说:"不好意思,没时间了,我该走了。"

赶时间说法不只可以用在主管身上,也可以用在小孩子同学的妈妈、会闲聊个不停的邻居等。

"哎呀,怎么这么晚了,不走不行了!"

"等一下婆婆要来我们家,我得赶快回去打扫。"

就算说谎也无所谓,总之要找个借口赶紧脱身。这么一来,对方也不得不中断对话。

迟钝的人并不会考虑到对方,所以重要的就是不给对方时间。这是一个非常有效的方式,请务必试试看。

对于同辈,你可以试着这么说:

"所以你的结论是?"

用这句话催促对方快点讲完,带有暗示地告诉他:"你讲的话太长了,我已经听不下去了。"

第四章 这样回嘴,不破坏关系又能解决问题

　　你可以故意毒舌一点,像在开玩笑一样说出这句话。这么一来,无论对方是什么样的人,都会感到羞愧。

用这招!
温和说法:"我等一下还有事要外出。"
强烈说法:"所以结论是?"

8. 谣言八卦止于智者，因为智者说……

到处都有"爱讲八卦"的人。就算医生也不例外，老是喜欢在医院里到处收集各种情报，兴奋谈论："谁和谁现在正在搞外遇呢！"

F小姐有一位女性同事，很喜欢收集公司内的八卦、流言。在午休或上下班途中遇到时，她总会开始谈论八卦。

"听说A和B分手了！同公司里的人分手的话，碰面很尴尬吧……"

"你知道那个人是被之前的公司裁员了，才来我们公司的吗？"

"××课长好像跟××有一腿喔。两个人经常一起外出，虽然说是要去讨论公事，可是谁知道他们去了哪里呢？"

只要一碰面，她就会不停说这些流言蜚语。有时她甚至会说："F小姐，你最近是不是跟业务部的P先生走得很近啊？"想要套话。一想到连自己都可能被她当成八卦的题材，F小姐就觉得很丧气。

无论是谁都觉得他人的不幸甜如蜜，也多少会想要偷看他人秘密。

但是这有程度上的差别，如果经常和类似这位同事的人交换八卦，很有可能就会被视为"喜欢八卦""大嘴巴""同类"，所以要谨慎一点才行。

"每个人都有不同的状况嘛……"

"唉,这就是人生啊。"

遇到这种事,你要表现出没有兴趣的样子。在没有波及自己时,采取这种应付的方式就可以了。

你要让他觉得"这个人都不听我讲话""跟他讲这些无法炒热气氛",让他觉得不如去找其他喜欢八卦的人,这样他就会转移目标了。

因为对方期待你听了八卦之后,做出惊讶反应,如"什么!真的假的?""我完全不知道!",或是"然后呢?"兴致勃勃的态度,所以你要背叛他的期待。

换句话说,不要做出对方期待的反应,就是最有效的响应方式。

当觉得自己快要被当作话题,或是察觉到"这个人连我的事情也在打听"时,你就要略带开玩笑的语气,明白地告诉他:

"拜托,你连我的事也想要拿来当八卦讲吗?"

"你太八卦了,我怎么可能跟你说呢?"

除此之外,还可以再多加一句:

"到处打听别人的八卦,小心露馅喔!"

"你一天到晚做这种事,小心会没朋友喔!"

像这种稍微带威胁也是一种方式。如果你身边有这种类型的人,请切记重要的事不要告诉他、不要让他知道你的弱点。

有时候,一句无心的客套话"X 先生今天的打扮很帅",也会被喜欢八卦的人说成"那个人好像喜欢 X 先生喔！"到处传播，所以必须特别小心。

> **用这招！**
>
> 温和说法："哎呀，一样米养百样人，这种事应该很正常吧！"
>
> 强烈说法："拜托，你连我的事也想拿来当八卦吗？"

9. 开黄腔的人,通常"不行"

三十多岁的U小姐有位主管,平时开朗正直,工作能力也很强,但只要在聚餐的场合上喝了一点酒,说话就会开始变得不入流、不停地开黄腔。

若是可以听听就忘的黄色笑话,多少还能够忍受。但如果是主管的夫妻情趣,或是过去的性经验、酒家女的话题等,实在是让人听不下去,甚至感到不舒服。

不仅如此,他还会事先说:"话先讲在前头,这可不是性骚扰喔!"自以为讲了这句话就没事,让人火冒三丈。

U小姐不想和这种主管一起去聚餐,但又要顾虑到同部门内的人际关系,不能总是拒绝参加……

为什么男性总会对女性开黄腔呢?

以心理学的角度来看,有些男性会借由对女性开黄腔,得到对方不愉快的反应,来确认自己男性地位。这种心理最典型就是暴露狂,在公共场合暴露自己的性器官,借由女性的反应,来确认自己是男人。

尽管一般人并不会这么极端,但对于某些男性来说,女性对自己开的黄腔感到很反感,会带来一种快感。

再说,到了中年会出现勃起功能障碍等问题,男性对自己的男子气概会失去自信,所以潜意识才会借由开黄腔,这种扭曲的形式来确认自己的地位。某种意义上来说,这就是第一章里提到的无法隐藏不安型。

但再怎么说,都没必要容忍爱开黄腔的主管。更别说前面提到的例子里,那位会先说一句"这可不是性骚扰喔!"的主管,或是说"我讲这些不会变成性骚扰吧?"就以为自己的行为可以被容许的家伙,更是不可原谅。

最好不要和会性骚扰的人一起吃饭,但很难拒绝时,最好的方式就是不要听对方说的话、就算听了,也不要表现出过度的反感,要保持冷静、毫无反应,连僵笑都不必。

面对会开黄腔的人,你不是要告诉他,这种行为让人很反感,而是要让他觉得就算开黄腔也得不到响应、怎么都没办法炒热气氛。

如果这么做,对方还是不知收敛,那么请直接告诉他:

"就算你喝得再醉,说这种话都不恰当。"

"如果你性骚扰得太严重,劳工局或性平会会调查匿名投诉喔!"

但有时候,这种话反而会让对方觉得达到目的。这时候,你就要这么说:

"竟然要开黄腔来看女生的反应,还乐在其中,这种男人也算是不行了吧。"

"我曾听精神科医生说,只有没有自信的男人才会爱开黄腔。你该不会就是这种人吧?"

第四章 这样回嘴,不破坏关系又能解决问题

像这样以一句话直接刺中对方想要夸耀的男性的部分,也是一种方法。"这种男人也算是不行了吧""这种男人真可耻"——再也没有比这几句话,更能打击爱开黄腔的男性了。

用这招!
> 温和说法:"就算喝得再怎么醉,也不应该说出这种话。"冷淡响应对方。
> 强烈说法:"竟然会说这种话,这种男人实在不行。"

10. 每次都抱歉下次改进，其实没把你放在眼里

有一种人，无论劝告几次，仍然会重复做出一样的事，完全没有要改善的意思，这种人非常棘手。

一位担任管理职位的男性，他的某位下属工作时，经常犯同样的错误，或者无法遵守工作的期限。虽然他嘴巴上都会说"对不起、不好意思"，却从来不见他改过。

除了经常犯同样的错误之外，要求他整理资料，等到期限快到时间他："那个资料的进度如何了？"他就会回答"对不起，我还没做好""来不及在期限内完成"，表面上似乎感到很抱歉的样子。

就算问他："你之前也是这个样子吧？"他也只会说："对不起。"不知道他到底有没有反省。所以这位主管感到非常困扰。

相信很多主管都因为这类的下属而烦恼。不少迟钝的人都属于这种类型，他们觉得只要道歉就没事了。就算对方是主管，也根本没放在眼里。

不过也有另一种可能，说不定他们很认真，所以不敢及时向主管报告。

毕竟下属都害怕被主管认为没有工作能力。出于这种恐惧的心理，才不敢提前告知"我不会这项工作""可能来不及在时间内完成"。

因此以为只要努力一点,或许做得出来;加班处理,说不定就有办法完成。相信很多人都有过类似的想法吧。

这种心理称作"满足幻想性愿望"。他们会希望某事能够成真,这类幻想性愿望和现实混淆在一起。

首先,第一个方法就是要使下属能够安心工作。你必须使用以下的说法:

"就算没在期限内做完我也不会骂你,不过要每三天跟我报告一下进度。"

"这项工作很难,就算你不会做也不是你的责任。有不懂的地方要随时来找我商量。"

重点就是要向他保证:"只要你真心想做,我都不会觉得你没用、缺乏工作能力。"

当然,这么做并不能解决所有的问题,但消除对方的不安很重要,很多时候光这么做就能改善双方的关系。

接下来是另外一点,无论是职场上,或在私生活的人际关系里,有很多状况都是明明可以马上改善,如下属每天迟到,丈夫上完厕所后,不把马桶坐垫放下来等,但无论你说了多少次,对方都不改变。

这时候,你就要使出强硬一点的做法,给予对方实质损伤。

前面曾经提过,有的人就是缺乏反馈机能。不管怎么说、再怎么劝告、再怎么骂他,他都不痛不痒。

对这种人说什么都没有用,所以你要制定迟到三次就要扣薪水、忘记把马桶坐垫放下来,就要罚钱等规则。

老犯同样错误的人,都觉得再怎么被骂都会被原谅,所以你要对他制定出不可容许的规则。就算再怎么迟钝的人,对自己会有损失时,也会很敏感。所以这一招很有效果。

> **用这招!**
> 温和说法:"就算你做不到我也不会骂你,有不会的事就来找我商量吧!"
> 强烈说法:"下一次再这样就要罚钱了!"

11. 说谎脸不红气不喘，这样打脸就红了

"说谎舌头会被阎罗王拔掉。"相信很多人小时候，都听过父母这么说吧。无论过去受过什么教育，大家在和大人一起生活、成长的过程中，都学习到说谎很不好，也认为这是理所当然的常识。

但世界上就是有一种人能够理所当然，且习惯性地说谎。

某间公司的员工 H 小姐，跟某位女同事，平时说话很合得来，也觉得同事为人和蔼，但在工作上却无法信赖她。

当这位同事做的资料被主管指正时，她就会若无其事地说："错了吗？可是我是照 H 小姐跟我说的去做……"企图嫁祸给 H 小姐，仿佛她说的是事实一样。

由于她讲得太理所当然，所以主管根本无法分辨真伪。

这时候如果 H 小姐提出抗议："我才没有这样教她！"她还会装蒜："咦？难道是我会错意了吗？"

因此主管就会说："你们两个人要好好地分享资讯啊，拜托你们不要再出这种错误了！"结果 H 小姐竟然落入一起被说教的下场。

女同事虽然会说："知道了，真是抱歉！"但是 H 小姐却觉得自己没做错事还要跟着道歉，实在很委屈。

世界上就是有一些人，可以毫不畏惧、光明正大地说谎。

为什么他们会说这种轻易就会被拆穿的谎呢？这和精神分析创始者弗洛伊德提出的"快乐原则"与"现实原则"有很大的关联。

极端的来说，快乐原则就是当场敷衍过去、当下顺利无事就好了，现实原则是更实际且合乎逻辑的想法。

换句话说，会说很容易被拆穿的谎言的人，都是优先考虑快乐原则，认为只要当下可以敷衍过去就没问题了。

他们不会去思考"过不久就会被发现了""要是被拆穿了怎么办"之类比较现实且实际的问题。

他们有一种毫无来由的优越感，以自我中心的角度去判断事物。以这层意义来看，他们可以被归类为第一章以自我为中心的人。

此外，平常就很习惯说谎的人，所以就算被拆穿，也只会不以为意地说："哎呀，是吗？"

大部分的人一定会觉得很不可思议、认为他们不可理喻，甚至令人愤怒。但对这些人而言，这种事情稀松平常而且理所当然。

最好的办法是不和这种会说谎的人深交，但职场上的人际关系并没这么容易。

遇到了这种人，该如何反驳呢？首先介绍较为温和的说法。

"以后关于工作上的沟通，都用电子邮件或书面来进行吧。这样才不会再发生同样的状况。"最好这样警告对方。

为了不要再被对方的谎言波及，你必须使出对策，让对话留下记录。

除了警告叮嘱对方，为了不再发生相同的状况之外，同时也要告诫他:"下次再这样绝对不原谅你。"

也要想办法告知主管:"今后我和他的对话都会留下记录,如果他说没有记录的话,请不要轻易相信他。"

接下来,如果想要进一步防止对方说谎,或是对方说了很过分、难以挽回的瞒天大谎,那请直接强硬地告诉他:

"请不要再信口开河了。"

"我知道你在说谎,我不会再相信你这种没有诚信的人了。"

对于无视你的立场与心情的恶质谎言,你必须正面且直接告诉他:"我不会再被你骗了""我因为你的谎言,受到很大的伤害"。

请务必鼓起勇气,否则只会助长对方的气焰,让对方继续随心所欲地说谎。

让我再重复一次,会说谎的人,撒谎就像呼吸一样,而且还可以撒谎连篇,所以很多人都会像例子里的主管一样,被骗了却不自知。

为了不成为受害者,必须做到最低限度的防卫。

除了留下记录之外,有时也要尽量让主管或周围的人都知道,那个人说的话不可信任。

> **用这招!** 温和说法:"为了防止这种事再度发生,今后重要的事都用电子邮件或书面沟通,这样才能够留下记录。"
> 强烈说法:"请不要再随便信口开河了。"

12. 惩罚迟到大王，要让气氛很尴尬

缺乏时间概念，这是生活中最令人困扰的行为了。

某位女性大学时代的友人，每次约好时间见面，却总是迟到。迟到五分钟是还算好的，有时严重会迟到三十分钟以上，甚至联络不到人。

迟到了三十分钟，还会面带笑容登场："哎呀，不好意思，让你等很久了吧？"如果这位女性说："你迟到很久唉！"对方就会说"因为我的碗洗不完啊""昨天去聚餐弄得太晚了，所以睡过头了""在路上看到很可爱的衣服，无法决定要买红色还是粉红色，所以耽误时间"这种很过分的借口。

在第一章里介绍过，老是迟到的人基本上就是轻视对方、瞧不起人。

当然有些人个性本来就比较散漫，但因认为让某人等也没关系、会被原谅，所以才会迟到很久，还若无其事地说莫名其妙的借口。

遇到这种人，我个人的建议是不要再与他往来，或者尽量不要和他见面。不过如果无法做到这种程度，当遇到自己觉得不愉快的状况，就应该要明确地让对方知道。

你可以这么说："希望你考虑一下我等了这么久的心情。"

或者可以更直接地说:"你让我等了这么久,是觉得我不值得重视吗?"

重要的是告诉对方"被你如此轻视,让我等了这么久,我觉得很悲伤,也很生气"。

不过,当你这么说之后,气氛当然就会变差,两人之间的关系也会变尴尬。

但千万不要害怕尴尬的气氛。很多人因不希望破坏气氛或双方之间的关系,在说话时顾虑到对方的感受,但这样会让对方认为自己的行为可以被容许。

所以请务必创造出这股尴尬的气氛,明确告诉对方"我真的很生气""你这种行为造成我的困扰"。

在我听过的例子当中,有个强悍的人这么跟对方说:"为了等你,我只好跑去星巴克喝咖啡,害我平白无故多花了一百多块,你也给我适可而止一点!"

一般人可能无法说到这种程度,但要让对方知道时间就是金钱。如果是经常迟到的惯犯,那你可以这么说:"迟到了要请我吃东西,不然我不原谅你!"

当你这么说之后,相信对时间再怎么散漫的人,也会知道"让他生气就不好了""下次他就没这么好说话了",不会再这么轻视你。

对于快要迟到时,发消息或打电话告知会迟到,就觉得无所谓的人,你也要明确地对他说:"不是只要联络了,迟到就没事了!"

如果被他人不正当地对待,或是被对方轻视,就要制造出尴尬的气氛,让对方提心吊胆。请确实地告知对方,自己不应该受到这样的对待。这么一来,对方一定会改变对待你的方式。

用这招!

> 温和说法:"希望你考虑一下我等了这么久的心情。"
> 强烈说法:"你每次都迟到,老实说真的让我很火大!"
> "迟到了要请我吃东西,否则我可不原谅你!"

13. 一天到晚讨拍？哇，你真的好棒棒！

无论在哪个时代里，一定有些人认为"自己最厉害""自己的能力比谁都强"，想要获得大家的认可、称赞。

如果他们能把这些想法隐藏在心里，或许就能成为工作或念书的动力。然而一旦无法隐藏，开始向外泄露，展现出强烈的自我表现欲望时，就会造成周围的困扰。

最近年轻一代揶揄这一类型的人，是自我感觉良好。

大学毕业后进入公司第三年的O先生，每次和学生时代的社团同学吃饭时，几乎毫无例外，总会被担任业务的J先生搞得很厌烦。

J先生总会表现出一副工作超认真的样子，"我努力开拓很多人脉呢！""我还参加读书会，那里的创业家说……"他的话题有一大半都是这些内容，实在让人听不下去。

"我最近开始参与一项大策划呢！就连周末也要工作……""你看我这么年轻就开始腰痛了""我的口腔炎一直都好不了，只要一喝酒就会发痛"滔滔不绝说一些关于自己的话题。

不仅如此，据说他还会讲瞧不起人的话："哎呀，××，你没有每天看《日经新闻》吗？"

这种类型的人就是自恋和渴望被他人认同的综合体，无论如何都希望有人能称赞认同。这种人正是自我中心型的化身。

过了二十五岁之后,或许开始对工作产生兴趣,这件事并没有什么大问题。对工作经常充满干劲,是很值得嘉奖的事。

然而J先生的言行举止,都让人感受到他心底充满了"我明明可以获得更多认同""我才不只是这样而已"的焦虑和不安。

说不定因为在同部门里有更优秀的人,让他产生了敌对意识(嫉妒和羡慕),又或者是在学生时代的同学当中,有比自己更活跃的人。

在这种状况之下,他就产生了"我可以做得更好""我才不会输他"的想法,而且非得要表现出来不可。

另外一点要注意的,是J先生之所以会刻意提腰痛、口腔炎,是因想要获得同情。

会把自己的弱点(并非本质的弱点,而是表面上的弱点)展现出来,就是想告诉大家:"理我一下嘛!"说不定这种人平常就非常在意社群网站上,到底得到了几个赞。

遇到这种人,最好的方式就是不要理他,或是开他玩笑:

"J,你怎么这么强啊,我看你年收轻松就超过百万了吧?"

"你一定是同期里面最早出人头地的啦!"

"那今天就由你请客啰!谢谢招待!"

像这样一边拼命称赞他,一边对他施加压力。

对于大学毕业才三年的人说"年收超过一百万"是有点过分,不过如果说一些很明显超出对方能力范围的话,相信对方会比较收敛。

第四章　这样回嘴，不破坏关系又能解决问题

此外，由于对方是当着许多人的面，表现出幼稚的虚荣心，所以你可以反过来利用这种心态，每当对方说了什么，你就可以这么回他：

"嗯嗯！啊不就好棒棒，做得很好喔！"

就像在对待小孩子一样，听到他说的话后，很夸张地附和。一般遇到这种迟钝的人，很容易会想要避开，不过有时候你可以故意抬举他、开开玩笑，相信这种程度是可以被容许的。

要是对方当真，听了你的话一副飘飘然、喜形于色的样子，你可以趁势要他请客或多付点酒钱。

如果你无论如何都想要挫挫对方的锐气，那你可以这么说：

"连周末都要工作的话，工作效率不是反而会变差吗？"

"要是因为工作弄坏身体，那简直就没资格当白领阶层了嘛！"

"据说越是一流的人越会找时间休息呢。你这么忙，看来你还不够格啊！"

因为他无论如何都不罢休，所以你就要以完全相反的状况说："真正会做事的人是这样的喔！"让他不要再说下去。这么一来，相信对方也会低头吧。

对于瞧不起人的发言："我每个周末都会去参加读书会，我看你根本没去过吧？"希望你也能反击回去。

"你是你，我是我，我不在乎别人怎么样。"

你要画出一条界线，这么一来，对方就不会再继续死缠烂打了。

但是，如果你玩笑开得太过分，对方可能会变得很消沉，若你

没有要和他绝交,请记得要适可而止。

　　总之,这种人渴望被他人认同,建议你可以用一种站在高处向下看的态度,把他当成小孩子就好了。

> **用这招!**
>
> 温和说法:"嗯嗯、很棒很棒,做得很好喔!"过度地附和他。"我看你年薪轻轻松松就超过一百万了吧?"抬举他开他玩笑。
>
> 强烈说法:"真正工作能力很强的人,既不加班,也不会把身体搞坏。""你是你,我是我。我不在乎别人怎么做。"

14. 你的亲切，不该让他误解成有希望

当外人太过靠近，你会感到被侵犯、不愉快，这样的范围称为"个人空间"(Personal Space)。

个人空间会因人而异，有时候也会因为你和某人的关系而有所改变。就算在拥挤的电车上与陌生人摩肩接踵，让人感到不愉快，但和家人在一起背靠背肩并肩，会让人觉得幸福，大家也了解这种感受吧。

在我们的心理上，也有这种个人空间，一旦出现有人跨越了你认为适当的心理距离，就会让人感到强烈的压力。

有位女性经朋友介绍，和一位男性出去吃饭。约会才刚结束，这位男性马上就联络她，希望和她约定第二次的见面。因此她也客套地回复："有机会的话，再一起出去。"

没想到，对方开始每天传信息给她："今天好冷啊！""今天因为跑业务到了汐留（东京新兴的观光景点）附近呢。""因为公司聚餐，现在才要回家。好累啊！"总是单方面的传送一些像日记一样的信息。

如果不理他，他就会传"怎么啦？""工作很忙吗？"的信息。

距离第二次见面还有一段时间，他竟然问："传你的照片给我好吗？"明明根本没在交往，为什么要传自己的照片给他呢？可是

毕竟是朋友介绍的人,又不能对他太过分……

男性与女性之间会有温差,如果对对方没有好感,就会觉得这种过于亲近的距离很烦人。

遇到这种状况,女性完全不回复信息,让对方意会到应该是没希望了,或者是告诉对方:"对不起,我无法跟你交往。"尽早明确地表示自己的意思。

这类问题有演变成被跟踪的风险,所以必须小心处理,绝对不能轻忽。

无论如何,最不好的做法就是用暧昧的态度让对方有所期待。

这位女性认为毕竟是朋友介绍,所以不能对他太过分,但亲切而暧昧,反而让问题变得很棘手。

如果一开始就让对方觉得似乎有希望,对方可能会觉得:"明明一开始对我很温柔……""怎么突然变了呢?"对方会无法接受,反而越陷越深。

无论哪种性别,都会有可能是个性太依赖,所以总是频繁联络,经常问要不要见面,相信你也曾经遇过。

世界上有些人如果不依赖别人的话,就会感到很不安。他们会去找个性温和,宽怀大肚的人,向他们倾诉琐碎小事或抱怨,借由维持很亲近的距离,获得心理上的安定感。

这种人属于装熟魔人型的变形版。遇到这种人时,重要的是明确设定限度。

对于不想太深交的人,每天收到他的信息,也是一大负担,更会觉得:"每个星期都说要出来吃饭,真的很烦……"

既然如此,就要明确地告诉他:

"我无法每天跟你联络。"

"我觉得你对我而言就是一个朋友,差不多一个月约一次吃饭就够了。"

要主动画出一条明确的界线,不让对方侵犯到你的空间。

如果你这么说,对方就会知道"不能太依赖这个人",就会去寻找其他人当作目标。

请不要太担心,因为世上也有一种人喜欢被依赖,只要把这个任务让给这种人就好了。

> **用这招!** 画出一条界线:"我无法每天跟你联络。"

15. 他玩笑开过头，你扑克脸制造紧张

有些关系很亲近的人，总是喜欢开对方玩笑当作交流。

他们想要说一些有趣的话，表示彼此的关系很亲密，所以会稍微取笑对方、拿对方开玩笑。不过如果太过分，被开玩笑的人就会觉得很不愉快。

有一位二十多岁的女性，经常被公司里某位同期男同事拿外表来开玩笑，非常烦人：

"最近是不是变胖啦？这样会没人要喔！"

"你今天妆怎么化得这么浓啊？看起来很老唉！"

"你黑眼圈好严重！明明还这么年轻，还是要注意一下吧！"

可是，双方私下的交情还算好，所以也能理解，或许他认为这是某种交流的方式，但老拿外表来当话题，实在很令人生气。

我听了这个例子之后，觉得这位同期的男性，很有可能是对这位女性有好感。

以二十六岁的男性来说，这种表达方式很幼稚、笨拙，这跟小学男生爱欺负喜欢的女生，基本上是同样的道理。

先不论这位男性是否真的抱有情爱，但正因为有好感、有亲近感才会跟对方开玩笑。

出于好感的言行，但却造成对方不愉快。这种人也是属于缺

乏感受力类型。

这种男性认为,因跟对方很亲近、和她相处很愉快,所以误以为说这种程度的话是被容许的。简而言之,这种人就是少根筋。

遇到这种状况,你可以这么响应:

"感谢你的指教。你是不是因为喜欢我,才说这种话啊?"(对方可能恼羞成怒)

"小男生才会爱找喜欢的小女生麻烦,你不要做这么幼稚的事好吗?"

你可以加进一些开玩笑的语气,缓和与对方之间的气氛。

直接戳破核心,让对方吓一跳。

如果想要认真地告诉对方"我不喜欢这种行为",你可以直接说:

"说这种话的男人,会被讨厌!"

"我最讨厌会跟女性说这种话的人了。"

"你再说下去的话,我就会讨厌你!"

我建议说到这种程度都无妨。这也是在前面提过的,创造出稍微尴尬的气氛。

因为对方很迟钝,所以说不定在你这么说后,他才会惊觉:"原来你会不开心啊……""我完全不知道你会这么想……"如果他真的喜欢这位女性,或许会感到消沉,并真心反省。

光是制造出让人稍微紧张的气氛,对方就会改变态度。如果是真的抱持好感的话,或许他在下次见面时,或是透过信息,真心地向你道歉。

用这招!

温和说法:"谢谢你的指教。你是不是因为喜欢我,才会注意到这种地方啊?"

强烈说法:"你再说下去,就会惹人厌了喔!"

16. 人因幸福而说话白目

人在幸福的时候,很容易沉浸其中,看不到周围的人事物。

我听过这么一个故事:

有四位感情很好、大约三十岁的女性。一起吃饭时,某位刚结婚的女性说:

"我之前和老公一起去 IKEA 看家具喔!""过年时回老公的老家,他妈妈真的对我很好……"笼罩在幸福的光辉之下,说个不停。

感到幸福本身是非常好的事,但事实上,其中一个人不久前才和交往多年、谈婚论嫁的男友分手了。

在场的人全都知道她对分手还没释怀,但沉浸在幸福中的女性,没有顾虑到她的感受,不断讲自己与丈夫的幸福事迹。那位和男友分手不久的女性,只好低着头微笑不语。

因为大家都是成熟的大人,所以嘴巴上还是会附和:"是喔,真是太好了。"但心里都觉得她太不会察言观色。

这种人就是典型的"幸福迟钝症候群"。

当自己到达幸福的顶点,就会对其他人的痛苦变得很迟钝。这其实是任何人都会有的症状,所以我们也要谨记在心。

感到幸福时,会想要和别人分享,也是理所当然。

但是,还是要判断对象和场合,否则就算你完全没有这种意图,仍很容易会被别人认为你是攻击他人、不会察言观色。

请谨记,如果太过幸福,就会不知不觉变成情感外泄型的讨厌鬼。

有一次我和朋友一起喝茶,其中一位女性正在接受不孕治疗。然而没想到另一位女性却开心地说:

"我怀了第三个孩子呢!才怀孕没多久,我老公已经在想要给小孩子取什么名字了,也太烦了吧!"

其他在场的人都很紧张,不知该说什么才好,瞬间浮现一股不舒服的气氛。

万一你遇到这种状况,不能当场吐槽:"喂!现在有人在做不孕治疗呢,你怎么讲这种话……"这就像在对受伤的人,再次发动攻击。

这个时候,你应该要说:"喔,这样很好啊。啊,对了……"要轻松、不着痕迹把话题引导到别的方向,才能把伤害降到最低。

如果当场无法妥善应对,你也应该事后劝告那位朋友:

"今天谢谢你跟我们分享这么开心的事。不过因为有人最近跟男友分手,所以还是稍微顾虑她的感受比较好。"

若平常是很正经的人,偶尔出现幸福迟钝症候群,或许听了你的劝告后也会认为:"是我考虑不周,只想到自己的事情。以后要多注意一点。"为了防止出现进一步的悲剧,这么做才是上策。

> **用这招!**
> 温和说法:"啊,对了……"把话题引导到别的方向。
> 强烈说法:"毕竟还有其他人,还是顾虑一下别人的感受比较好喔。"

17. 不好意思说"不借",你得……

把自己珍藏的 CD、DVD 或书籍借给同事、朋友,但对方却迟迟不归还,让人感到很心急,相信你也曾经历过吧。

如果拖了很久最后有归还,那还算好的。有不少人是借了却根本没打算要还,把借来的东西占为己有。

某位四十多岁的女性,认识一位住在附近的妈妈,她经常向别人借东西不归还,令人非常困扰。

"我们下次要去参加亲戚的结婚典礼,可是小孩子没有适合的衣服,不好意思,可不可以跟你们家借一下?"因为这位妈妈这么说,所以借了衣服给她,但对方却迟迟不还。

她若无其事地问:"亲戚的结婚典礼结束了吧?"对方虽然回答:"嗯,等从干洗店回来之后就还你们。"但是过了一两个星期,对方却没有归还。

明明她是把东西借出去的人,却还顾虑到对方的感受,想着:要是一直催也不好吧……但不见对方有想还的意思,因此觉得很不愉快。

除了这种邻居关系之外,小孩同班同学的家长、同事、学生时代的同学等,都常会出现借东西的问题。

在第二章曾提过,有一种人对于自己和他人的界限,概念非常模糊。但除此之外,厚脸皮的人对于借东西要归还的意识相当低落。这种人是随便型和不知羞耻型的综合体。

首先,如果已经借东西给对方了,就要告诉他:

"那件衣服我下个星期就要用了,请你在今天或明天之内还我。"

"其他的人也说要用,要请你马上归还。"

你必须设定期限,并要求对方一定要归还。

比这个更重要的,是一开始就不要借他。虽然话是这么说,但越是滥好人,遇到对方的请求,就越无法拒绝。

如果是这样你可以这么说:

"我现在借给别人了,他一直没还我……"

"我婆婆(或是先生)说,这么不好的东西实在是太羞耻了,叫我不要借给别人。"

最聪明的方法,是利用借口采取防卫措施。光是"不借你"可能很难说出口,但如果说"虽然我想借你,但是没办法"或"因为别人(婆婆或先生)的关系,所以不能借",就不会引起额外的风波。

此外,如果是同事或朋友,你可以先说一句"下次我再带来",但实际上不要拿给他,这也是一种做法。面对迟钝的人,你要假装迟钝。下次见面时,可以对他说:"抱歉,我忘了。"

在对待迟钝的人时,有一个诀窍是不要太认真对待他,别忘了,有时候打马虎眼也是有必要的。

如果是非常亲近的人,那就随便跟他说"那是传家之宝,可不能随便动啊!"等开玩笑的话,稍微糊弄对方就可以了。

用这招! 借了不还的时候:"我明天有个很重要的场合要用到,请你赶快还我!"
不想借他的时候:"现在借给别人了,所以不在我手边。真抱歉。"告诉他"我下次再带来",但是不要拿给他。

18. 帮他，变成要替他负责

有些把别人的善意当作理所当然，总是等着别人对他好。

比方说，有一种人去旅行时，自己不准备好物品，一开始就想跟别人借来用就好了。女性的话可能是卸妆乳，男性的话或许是刮胡刀。这种类型的人会故意碎碎念："哎呀，忘记带了！"接着马上说："啊，你的借我用一下！"

或者装出非常困扰的样子："哎呀，忘记带了！怎么办……"等着周围的人问他："你要不要用我的？"

这正是不知羞耻型的典型行为。

T小姐认识一位孩子同学的妈妈，每次都会找借口把T小姐的家当作托儿所。

T小姐的儿子目前就读小学二年级，和这位妈妈的孩子是好朋友，所以他经常来家里玩，但时间一晚，这位妈妈就会发短信告知："对不起，今天工作延迟了，我还没办法下班。不知道是否能再帮我顾一下孩子？"

对方在这个时间请求帮忙，T小姐根本没办法拒绝，她只好回复："没关系。"这么一来，时间越拖越晚，到了吃饭时间，也只好请那位孩子一起吃饭。

没想到，下一次对方发的短信竟然是："真的很抱歉，今天可不可以让孩子住你们家?"T 小姐的儿子因为朋友可以在家过夜,感到很兴奋,但 T 小姐却觉得很愤怒:"我们家又不是托儿所!""怎么可以把别人的好心当成理所当然!"

其实很多人都像这个同学妈妈一样,把他人的善意当作前提。

具体来说,是要明确的拒绝让孩子住下来。以现实问题来看,如果别人家的小孩子受伤或生病,就会变得非常麻烦,所以必须明确地划清界限。此外,最近的小孩子常有过敏体质,所以最好也不要轻易就请对方吃晚餐。

请明确的拒绝对方:"如果发生了事情我怕无法负责,所以没办法让他过夜。你还是要来接孩子回家喔!"

像这个例子一样,如果对方有过分的要求,你就要用"没办法负责""对你也不太好"的说法来拒绝对方。

如果被厚脸皮的人牵着鼻子走,妥协他的步调,万一发生什么状况,很可能会被迫负起莫大的责任,不得不注意。

还有一种妈妈,在带小孩子去公园散步时,完全不带婴儿用的尿布,总是若无其事地向其他同为妈妈的朋友借尿布用。

遇到这种人,最重要的原则是不要对他亲切、不把东西给他用。

但无论如何都必须给他的话,就要清楚地告诉他:

"我这次给你用,没有下一次了喔!"

"上一次也借你了,我没办法每次都借你。"

如果他还是依然故我,那你也可以假装迟钝,告诉对方:"不好意思,我也没带。"

用这招!
> 温和说法:"因为可能会造成你的困扰……""(就算你拜托我)我也无法负责……"
>
> 强烈说法:"下次就不行了喔!""对不起,我也没带!"

19. 我的私事隐痛，他说出来开导别人

与人际关系当中，总会有人会说一些"我只跟你讲……""你不要告诉别人！"的话题，听到某些人的秘密后，会与小圈圈中的人分享。

这些大嘴巴会到处说三道四，明明是秘密，却在不知不觉间变成"大家都知道的事"，让主角感到很羞耻。相信每个人都有听过这类的事情吧。

如果是思虑周全的成熟之人，就算不刻意阻止，他也能判断这种事不该说出来让大家知道。但现实生活中，却充满无法做出判断的人。

三十多岁的家庭主妇 A 小姐，有时会把私底下的事，例如夫妻之间、婆家的抱怨，全都告诉好友 E 小姐。

虽然 A 没有要求 E 不能到处去和别人说，但她心想，毕竟有些是敏感的话题，E 应该不会去告诉别人吧！

但有一天，当 A、E 和其他朋友一起吃饭时，话题聊到夫妻间的问题，E 却突然说：

"说到这，A 你们家不也是无性婚姻吗？"

所有在场的人都盯着 A 看："咦！这是真的吗？"

"哎！"A 觉得快要不能呼吸了。她看向 E，但对方却一点都不

觉得自己说错什么。

因为觉得是很亲密的朋友,才告诉她这些事情,但对方却让她感到羞愧至极。没想到对方竟然不会判断什么话可以说、什么话不能说,真是令人愕然。

不光是E,大嘴巴的人经常会引发这类的问题。

首先我要告诉你,到处乱说话的人并不会轻易改过。这一点请你务必记住。

如果用前面提到的弗洛伊德的快乐原则和现实原则来说,这种类型的人会毫不犹豫选择快乐原则。

他们会认为,与其为了朋友保守秘密,还不如能炒热当下的气氛。

他们无法深入思考,因此会选择当场开心的气氛,所以某种程度可说是比谁都还会享受人生的类型。

此外,他们会觉得到处碎嘴,其实也是在发挥服务精神。E或许是为了要安慰在场的另一位朋友,说不定她说的是:"A他们也是无性婚姻啊,所以你不必这么担心啦!"

正因为想要让周围的人感到快乐,才会把别人的秘密给泄露出来。

大嘴巴很有可能是借由发挥天生的服务精神,企图获得"说话很好笑""这真是个好人"的评价。

当你遇到这种人时,你要先了解,这种人其实很自恋又很渴望被他人认同。

尽管如此,毕竟自己的秘密在众人面前被揭露出来,当然会产生彼此之间的信赖问题。你要清楚地告诉对方：

"你这样对我，我以后不会再那么相信你、什么事都告诉你了。"

请用语言让对方知道，这并非可以一笑置之的事，而是必须重新思考今后是否要与他继续来往的问题。

你也可以诉诸良心：

"因为我很信任你，所以这件事我才只跟你一个人说的。"

这时候请注意，如果你把对方当成主语，谴责"你真的很过分""你为什么要在大家的面前说出来"只会让关系更加恶化。

一旦感到"自己被责难了"，就算他知道自己错在先，也会反驳或者逃跑。

你要把"我"当主语，"我真的很受伤""我不希望你把这件事告诉别人"，冷静地告诉对方你的感受，要求他反省。

不过，你也不能期待只要传达自己的心意，就不会再发生同样的事，或对方今后一定会改善。

对于这次发生的事，至少你表达"很生气""很受伤"，对方身为朋友应该也会说："真的很抱歉""下次我会注意"。但是大嘴巴是不会这么轻易就改善的。

以现实的角度来看，和 E 这样的人一起闲聊、一起出去玩应该会蛮开心地。

毕竟这种人有非常旺盛的服务精神，所以一定可以听到很多有趣的事。因此也不需要一口气就下定决心要和他断交。

不过你自己就要知道："重要的事不要告诉这种人。"甚至要有所觉悟:"跟他说过的事情,总有一天会被其他人知道。"

如果有所觉悟,再与这种人往来,就能降低被害的概率了。

> **用这招!**
>
> 温和说法:"我是因为很信赖你才告诉你这件事的。你随意说出这件事,真的让我很受伤!"
>
> 强烈说法:"你这么对我,我以后不会再相信你、什么事都告诉你了。"

20. 拿别人的长相开玩笑

缺乏同理心的人完全不认为,自己不经意的一句话,可能会让别人受伤。

他会直接把脑海里浮现的话,毫无保留、原原本本地说出来。以某种程度来看,这种人或许可说是像小孩子一样天真。但这种言行举止,有时候却会伤害到在场的人。

一位朋友要结婚了,二十多岁的 N 小姐聚集几个共同朋友,一起制作要送给对方的纪念相簿。

他们一边看从朋友那里收集来的照片,一边嘻嘻哈哈地说:"原来他们也有这个朋友啊!""这张照片看起来好开心喔!"气氛非常热烈。

突然,C 小姐看着 N 和其他朋友一起拍的照片说:

"啊!这个人的脸长得好像长颈鹿!"

口气略带嘲笑。如果这样也就罢了。接着她又发现了 N 和其他朋友(几位男性)一起拍的照片,并开始批评起来:

"这个人是蚂蚁吧。这个人……是茄子吗?"

而且她最后还指着一位男性讪笑:

"我绝对不会想要跟这个人交往,他的眼睛太糟糕了!"

而这位男性正是 N 的男友。N 当下什么也无法说,但却很生气感到不可原谅。

首先让人在意的是，C小姐是否真的不知道，照片中的男性是N小姐的男友。

如果她知道，却故意装作不知道的样子说了这番话，就是在发动被动攻击。我认为这个可能性比较低，不过请特别注意，这世界上确实是有人会这么做。

比较现实且合理的解释，是C小姐可能不知道照片上的男性跟N小姐正在交往，但是看了其他人的照片就批评，是非常轻率的行为。

当有人给你看一张照片时，你并不知道照片中的人，和给你看照片的人有什么关系。很有可能像这个例子一样，两个人在交往，又或者是有好感的人、尊敬的人，或是很受他照顾的人。

对某些人而言，自己被批评也就罢了，但如果对自己很重要的人被批评了，他就绝对不会原谅，有的时候还会记恨很久。

如果完全想象不到这种可能性，老是想到什么就说出口的话，实在是让人很困扰。遇到缺乏想象力的人，很重要的，就是直接告诉他，你感到不愉快、很受伤。

最好的方式就是这么说：

"你说这种话，让我很受伤。"

如果你不这么说的话，缺乏感受力的人永远不会察觉，并且会继续说出伤人的话。

想要改变这种人的个性，是非常困难的。但是如果没有人直接告诉他"因为你，我觉得很受伤"，他就没有学习成长的机会，其实可以说是很可怜的人。

关于看了照片说出很失礼的话,我还听过另一个例子:

有位女性把自己未婚夫的照片拿给一位女性朋友看,这位朋友竟面带笑容地说:"咦,你竟然要跟这种人结婚?这个男的可以跟你结婚,大概把一辈子的好运都用光了吧!"

或许这位女性朋友是想表达:"因为你长得实在是太漂亮了……"但是听起来却完全不像是褒奖。听到这种说法,会觉得自己的未婚夫被委婉地贬低了,相信没有人会感到开心吧。这个人也是缺乏感受力的类型。

当自己认为很重要的东西被贬低了、很讲究的东西被批评了,请绝对不要保持沉默:

"或许你是这么认为,但是这对我来说却是很重要的人(东西)。"

这么一来,对方也会对自己所说的话感到羞愧吧。

这个类型的人除了缺乏感受力之外,很多人都像小孩子一样很天真,所以只要传达自己的感受,说不定对方也会当场率直地反省,或向你道歉。

在这里说点题外话,会看着照片批评"这个男的看起来真讨厌""这家伙只有六十分"的人,通常都对自己的评价过高。

他们会认为"我有更好的对象""我适合更好的人",所以才会想要批评别人,来提高自己的相对价值。

事实上,这类型的人有很多都是外表马虎。如果是真的任谁看都觉得很漂亮,根本没有必要特地去贬低别人,来提升自己的价值。

这并不只限于女性,男性也是一样。所以一旦遇到了会不停批评异性的人,你就想着:"这个人拼命在提升自己的价值啊!""真是可悲地垂死挣扎啊!"越是会做这种事的人,其实是越不起眼的。

> **用这招!**
> "我因为你说的话非常受伤。"
> "在你看来或许是这样觉得,但是这对我来说是很重要的(人、东西)。"

21. 千万别和"越帮越忙"的好心人较劲

对方也许是出于好心,但做的事却让人觉得很困扰,我想任何人都遭遇过这种添麻烦的好意吧。

三十多岁的家庭主妇S小姐和婆婆住在同一个屋檐下。不知道是不是婆婆的习惯,每当S小姐买菜回家放进冰箱里,婆婆就会马上拿去水煮、冷冻。

S小姐觉得冷冻过的蔬菜会变得水水的不好吃,所以对婆婆的行为感到很困扰,但却不知道该怎么对她说。

S小姐平常有在工作,即使婆婆是出自好心帮忙,但每次看到婆婆面带笑容地对她说:"帮你弄好了喔!"自己又无法坦率地向她说:"谢谢。"

一想到今后都要持续过这种日子,就让她觉得很忧郁……

这是一种很典型的婆媳战争,一个厨房里容不下两个女人。

以这位婆婆来说,或许她有一部分是出于好心,但是内心绝对不是这么单纯,她对媳妇肯定抱持着敌对意识。

也许这位婆婆是忍不住想要表现出"我做的料理比较好吃""厨房里的工作怎么可以全都交给媳妇""儿子无论到了几岁,还是最喜欢我做的料理"。

顺带一提,假设媳妇去和先生商量这个问题,先生可能也只会说:"反正妈妈都做好了,这样不是很好吗?""既然这样,就全让妈妈做就好啦!"所以要期待丈夫有所作为是很困难的。

以现实的状况而言,这种时候能对婆婆说的或许只有:

"妈妈,谢谢你总是帮我这么多。但是有些蔬菜是可以生吃的,所以您可以不用先处理。"

如果可以先说一句"谢谢你总是帮我这么多"的缓冲用语,再说出你的要求,对方也会比较有面子。

但如果是对媳妇有强烈敌对意识的婆婆,就算你这么说了之后,她还是会故我,所以如果有真的想要生吃的蔬菜,就只能在买的当天赶快吃。

最聪明的方式就是要知道放弃。以原则来说,在这种婆媳关系之中,最重要的就是不要和对方较劲。

如果只是想要随心所欲地使用厨房,那也不会有什么太大的伤害,你就可以装傻这样说:

"那这个也可以顺便麻烦您吗?"

"妈妈,有您帮忙真是太好了!"

"真不愧是妈妈,好厉害!"

你可以一面这么说,一面把洗衣服、扫地等家事全都交给她处理,这也是一种方法。

对于鸡婆的婆婆,你就要嘴巴上感谢她、抬举她,让她有面子,再把她当帮佣。你就心里想着这句话:"马屁拍得好,母猪也能上树"——这就是最贤明的媳妇的处世之道。

如果生了小孩,这么做会让自己轻松许多。就算婆婆去和附

第四章 这样回嘴,不破坏关系又能解决问题

近邻居抱怨"我家的媳妇根本什么事情都不做……"也无所谓。

对这种事充耳不闻,把心力集中在工作或兴趣等自己想要做的事情上,才能度过充实的每一天。

> **用这招!**
> "妈妈,谢谢你总是帮我这么多。但是……"
> "那这个也可以顺便麻烦您吗?"

22. 用闲聊来制止讨人厌的行为

看到若无其事做出极度厚脸皮行为的人、摆出一副自以为是态度的人,都会让人觉得非常傻眼。

二十多岁的 W 小姐平常和婆婆住在一起。令人惊讶的是,婆婆竟会擅自拿 W 小姐的衣服来穿。

当 W 小姐不在家时,婆婆会擅自进入她的房间把衣服拿走,之后再默默地归还。

会发现这件事,是因为 W 小姐有一次遇见小婶(丈夫弟弟的妻子),小婶对她说:"这件酒红色的针织衫真的很漂亮,我之前也看到婆婆穿过呢!"

当然小婶完全不知道发生了什么事,所以还笑着说:"你们感情真好,还可以交换衣服穿,真是羡慕啊!"

当下她当然只能说:"呵呵呵,谢谢……"但是内心无法平静。W 小姐感到很愤怒,没经过允许就擅自拿别人的衣服来穿,这种人到底是在想什么啊!

或许你会觉得很难相信,不过这却是真实的案例。以这个例子来说,如果是自己的妈妈那也就罢了,但是婆婆擅自拿自己的衣服来穿,实在令人不愉快。

但是如果没有当场抓到对方擅自拿走自己衣服的行为,也不

能说什么。这个时候,最安全的做法是这么说:

"成熟女性还是要选适合自己年龄的打扮比较好喔!"

"妈妈,您穿这种衣服的时候,真的是很适合、很好看呢!"

做法就是一面称赞,一面表现出"其实我已经知道了"。

但是如果是本来就比较迟钝的婆婆,或许会以为你真的是在称赞她而不自知,这时候就要多下一点功夫,比方说在看电视的时候可以说:

"上了年纪的女性还要装年轻,穿年轻人的衣服实在是有点看不下去唉。"

"勉强穿年轻人衣服的人,真是太难看了。妈妈,您不觉得吗?"

你可以装傻,假装只是在和对方闲话家常,这其实也蛮有趣的。你可以仔细观察对方听了这番话有什么样的表情。

这么做或许有点坏心眼,但是相信这么做之后,你也会觉得舒畅多了。

当你遇到任何讨人厌的行为时,都可以使用这种方法:

"一天到晚迟到的人,真的是很讨厌唉。××,你不觉得吗?"

"若无其事跟别人借东西,却不还的人真的很差劲唉。××,你说对不对!"

"工作时一直跑去休息,一定是在偷懒。××,你不会也觉得很生气吗?"

像这样,并非直接指责对方,而是假装在闲话家常:"真的很讨厌!"

请不要针对个人的状况，而是要采取"这只是一般来说""我只是在闲话家常"的姿态，尽情批判对方的行为。

此时再加上一句：

"你不觉得吗？"

"××，你说对不对啊？"

寻求对方的认同，让对方知道"我是在讲你喔！"就能给他致命的一击。

再怎么迟钝的人，一定都会在心里一惊，下次就不敢再做同样的事情了。

用这招！ "做这种事的人真的很讨厌唉！××，你不觉得吗？"

23. 挖苦吐槽的人，最怕"是喔，是喔！"

有人对自己的人生或生活方式过度肯定，让他忍不住想要去找别人的麻烦。这种人总会用高高在上的态度来指点你。

三十多岁的 L 小姐和丈夫是双薪家庭，白天会把孩子托给幼儿园照顾，工作是属于全职性质。

过年时，亲戚齐聚一堂，L 小姐也没闲着，忙进忙出的准备茶水、料理。当她收拾餐具在厨房洗碗时，公公的姐姐却突然跑了过来，说了这么一番话：

"听说××（L 小姐的丈夫）家现在还要你出去工作啊？××的薪水应该也没有少到还要你出去赚钱吧？哎呀，你真的这么喜欢出门工作啊。"

"现在或许大家都像你们家这样了啦，可是这样××（L 小姐的小孩）就太可怜啦！从小妈妈就不在身边，真是太寂寞了……"

对方这么露骨的挖苦，让 L 小姐感到愤怒，一边洗碗，手却忍不住颤抖起来，但却无法反驳，只能保持沉默。

这位公公的姐姐，觉得强迫大家接受自己的价值观是理所当然的。这类型的人因为想要肯定自己的人生，所以会去攻击他人，其实是很可怜的人，因此根本不需要跟这种人认真。

或许你会很想要这么反击，让对方闭嘴：

"老公的薪水不是不够用啦,但是我出去工作的话,多少可以贴补一点。"

"现在已经是女性在外工作理所当然的年代了!"

"现在的双薪阶级已经超过五成了呢!那种想法已经过时了啦!"

但是要想法子反驳,实在是浪费力气。

面对这种人的时候,你只要装傻地附和就可以了:

"喔……原来也有这种想法啊!"

"原来如此。"

"是喔,是喔。"

你完全不需说出自己的意见,只要从头到尾附和对方就好了。

毕竟对方非要告诉你"他是对的",他可能期待你摆出一副认真的表情点头同意说:"对啊,真的是这样没错,我也是这么认为……"也可能期待你什么都说不出来,只能沉默的样子。而你只要背叛他的期望就好了。

不论对方说什么,你都不在意、无所谓,刻意用呆滞的表情,把对方说的话当耳边风。

看到你出乎意料的反应,对方一定也会觉得很惊惶。

对于无聊的挖苦或找茬,你就充耳不闻,把这些话当作耳边风。采取从容悠闲的态度,这才是最能打击对方的做法。

用这招! "喔喔!是这样啊……原来如此。"

24. 伴侣或家人很邋遢,如何赞美?

大多数的女性付出各种努力,想要变得更好看、美丽。然而,却有一些人完全不注重自己的外在。

某位三十多岁的女性经由相亲之后,已经结婚三年了。她对于私底下完全不注重穿着打扮的丈夫,感到有点困扰。

在结婚前,他们大多都是约工作日晚上去吃饭,对方几乎都穿着西装,所以这位女性并没有特别注意,但结婚之后,她却发现对方在上班时间之外的穿着,非常糟糕。他总是轮流穿着几件皱巴巴的上衣。女方在圣诞节时送了他一双秋冬穿的鞋子,到了夏天他还是一直穿,最后都发霉了。

除此之外,因为抽烟让他的牙齿都变黄了。女方好几次都告诉他:"希望你可以去美白牙齿。"但对方也置之不理。让她不想和这么邋遢的丈夫一起出门。

有些人会有一套独特的美学,认为年纪也不小了,还要注重打扮,实在是太害羞了;大男人为了美白牙齿,特地跑去看牙科,很不好意思。

此外,也有不少人觉得:"平常为了上班都有规规矩矩地穿西装,到了周末穿什么都无所谓吧!"

最实际的做法,就是妻子把丈夫当作纸娃娃,帮他做全身的搭配。实际上,的确也有不少夫妻是这么做的。

或者是稍微让丈夫意识到这件事,告诉他:

"如果你能稍微注重穿着打扮一点,我会更爱你喔!"

"干净清爽看起来比较帅,而且听说这样比较容易出人头地呢!"

大概也只能这样称赞他、取悦他了。如果太常说"要这样做、要那样做",对方是不会做出变化的。

每当我听到这类的夫妻问题时,总会想起17世纪的法国贵族弗朗索瓦·德·拉罗什福柯的名言:"爱会让人原谅。"(We forgive so long as we love.)

这句话说来也没错,当妻子对丈夫的服装或行为越来越无法忍受,其实正是越不爱的征兆。

男性对服装或外表不注重,并不是最近才开始的行为,但是女性对男性的热情逐渐降温,才会在结婚几年之后,开始变得无法忍受。

光是听到这个例子,就能看透这段关系。

世界上有许多女性,希望丈夫看起来很帅气。但是太过注重外表、打扮的男性,不仅很花钱,说不定也会有外遇。

如果要再加上一点精神分析的角度,若不想和看起来很糟糕的人一起出门,是因为想借由好看或很厉害的人在身边,来提升自己价值。

这种欲求本身并不是不好,但是正因为想要听到附近邻居或朋友说"你老公好帅!""真是羡慕"这些话,其实就是强烈渴望获得他人的认同,才会产生"无法原谅邋遢的老公"这种情绪,请对这点要有所自觉。

用这招! "如果你能够稍微注重穿着打扮一点,我会更爱你喔!"

25. 身边人是喜欢找茬的人，怎么阻止他语言暴力？

相信你也曾经在街上，看到对店员很不客气、对店员提出过度要求的人吧。

某位女性现在正在和三十多岁男性交往，可是他对店员的态度总是很差，让她每次约会时，心情总会蒙上一层雾。

虽然很感谢对方带她去很好的餐厅，但是对方却总会用一种高高在上的态度对待店员："没有更好的位子吗？""拿水来！""先上酒单啊！"

她看到店员因为男友的恶劣态度感到有点畏惧，就对他说："用这种态度不太好吧？"

但对方却满不在乎地说："为什么？我们是客人啊！"

在其他的店里，男友也是这种态度："擦手纸没拿来！""上菜上得这么慢！"对店员稍微一点点的过失，都会过度挑剔。

如果你正在和这种男性交往，我的建议是最好尽早分手。

这种类型的人很有可能是对于自己的日常抱有不满，利用立场较弱、无法反驳的人当作发泄对象。把自己的不满，迁怒在毫不相干的人身上。

或者是这个人从小就被父母嫌弃，经常被拿来与兄弟姐妹比较，总是被大人说："你真是不行！""怎么就不能像你哥哥一样？"背

第四章 这样回嘴,不破坏关系又能解决问题

后有着家庭的问题。这种人会在潜意识里与攻击者同化,并且倾向严厉攻击立场较弱的人。

如果和这种人结婚,他就会抱怨你做的家事,很有可能会成为一名以言语暴力施以精神虐待的丈夫。再严重一点,也可能会演变成家暴丈夫。

以这种意义来看,我建议早点分手比较好。尽管如此,也是有无法马上分手甚至已经和这种人结婚的状况。

对于这种人,你可以试着这么说:

"如果你对店员态度客气一点,他也会服务得比较亲切吧!"

"你对他太凶的话,他的服务态度也会变差啊,这不就是你的损失吗?"

对于会把不满发泄在弱者身上的人,如果你用利益得失"这样的话你也会有损失啊!"来说服他,说不定他会接受。

若想更进一步从根本改善这样的状况,你可以这么说:

"你最近是不是很累啊?工作太辛苦了吗?"

"如果发生了什么不开心的事,你可以跟我说啊!"

也就是要让对方知道你在担心他,针对对方言行举止,找到压力和不满根源来解决问题。

如果听了对方的抱怨,并且响应他:"真是辛苦啊!""那个主管真的很过分!"让他觉得你和他有同感,对方或许会比较安心,不会这么焦躁。

如果今后仍然要交往,重点就是要一点一点地消除对方的不满才是上策。

用这招！ "如果你对店员态度客气一点，他也会服务得比较亲切吧！"

"你最近是不是很累啊？是发生了什么事吗？"

第五章

不被责难，
避免自己成为麻烦人物

1. 当对方不想听了，你看得出来吗？

在前面，我们已经介绍许多麻烦人物的言行举止，以及保护自己的明智方式。

在最后一章里，为了避免自己不小心变成麻烦人物，我要提一些必须谨记在心的守则。

如果有人问我："麻烦人物都是些怎么样的人呢？"我的回答是："迟钝之人、看不见周围人事物的人，或许也可以说是自我为中心、只会用狭隘有限的角度去看事情的人。"

最困扰的是，这些麻烦人物认为自己有顾虑四周、考虑到对方的感受。

这跟我在面对病患时，他没有病识感（意识到自己已经生病了）的情况有些类似。

比方说有位患者深信自己是某位有名学者的儿子，但他和那位学者并没有任何关系，就算周围的人再怎么对他说："你并不是那位学者的儿子"他也不相信。因为他本人非常强烈地这么认为，也毫无意识到自己已经生病了。

麻烦人物也是一样，他们认为"我才不迟钝""我有认真地顾虑四周"，所以必须特别注意。

我们也必须随时客观审视自己。

首先要养成一种习惯,站在"会不会我现在也很迟钝"的视角,用心的注意观察四周。

比方说现在有个人正在听你讲话。在这种状况下,你会按照自己的解释,对自以为是的想法深信不疑:

- 因为我在讲彼此都有兴趣的话题,所以对方一定听得津津有味。
- 毕竟我们的交情这么好,我这么做对方应该不会觉得怎么样吧?
- 我是为了对方着想才说这些话的,所以对方也应该好好听才是。

当然,这些想法丝毫没有根据。

虽然眼前的朋友很有可能开心的听你说话,或许很高兴你能坦诚地对他吐露烦恼,又或者也会感谢你给的意见或忠告。

但是在此同时,请不要忘了,对方很有可能会抱持着完全不同的想法:

- 一直自顾自地说话,好无聊!
- 就算你跟我抱怨或倾吐烦恼,我也只觉得很困扰,好想赶快回家。
- 硬要强迫我接受你的价值观,真烦人。

对方虽然听你说话,但是他的眉头可能已经皱起来了,或者是在众人面前说话时,你无意间说出的一句话,让某些人感到不愉快。

当然,你无须这么负面思考。为了避免不自觉变成迟钝的人,还是要想到"说不定对方这么觉得……"并且要仔细观察对方的表情与反应。

实际上,会被人认为很迟钝、令人困扰的人,通常都忽略甚至无视对方不经意透露出来的信号。

反过来说,大部分的人若感到不快、不适,通常都会释放出某种信号。

为了避免自己忽视了这些信号,请务必仔细观察对方的表情或眼神变化。这就是不让自己变成麻烦人物的第一步。

2."应该没什么关系吧"的想法,要不得

所谓的麻烦人物,会在各种不同的场合当中引发界限问题。

在第二章当中曾经提到他人与自己、公众与私人的界限,我认为重新审视界限是很重要的。

虽然这是非常基本的事,不过要能够清楚地分辨哪些东西属于自己、哪些是他人的物品非常重要。

像这样用文字、话语叙述出来,或许会让很多人觉得:"这种事不用说也知道吧!"但是如果在这种最基本的地方稍微不注意,就会成为令人困扰的人。

不擅自使用他人的东西,也不要轻易地借用。如果借了,要小心地使用,且尽快归还。首先请彻底遵守这些原则。

或许有的人会认为:"就算借用他人的物品,但那本来就是公司的东西,拿来用也无所谓吧!""十元店的圆珠笔这么便宜,用一下也没差吧?""要是不见了,再买一个不就好了吗?"这种想法也不算完全错误。

但是,请不要忘了,同时也有许多人会认为:"就算是公司的东西,也必须向总务申请,请他们送过来,所以有人擅自拿去用,还是很令人生气。""要是你觉得这是便宜东西,那你就不要用别人的,自己去买啊!"

第五章　不被责难，避免自己成为麻烦人物

事实上，这种事情并没有哪一种人是一定正确，哪一种人是错误。

重要的是，要先理解到"有人和自己的想法完全不同"，并且应该要重新审视你划出的界限。

若你不这么做，反而自以为是地解释"应该没什么关系吧"，只会让自己变成一个越来越迟钝的人。

对时间的感觉与判断方式，也会忠实呈现出一个人的迟钝程度。所以要妥善分辨自己与对方的时间，并且要了解到这两者都很重要。

譬如主管把你叫到会议室说："跟你借个五分钟。"

但是等谈完时，已经过了一个小时。相信经常有这种事吧。

站在下属的立场，一定会觉得："你把别人的时间当什么了？""我明明就有很多其他非做不可的工作啊……"

这种主管欠缺剥夺下属时间的意识，然而这正是万恶的根源。

当然，一旦开始工作，常常会有意料之外的事，原本以为只要五分钟却花了一个小时。这本身并不是什么问题。

就算超出时间，如果他重视对方的时间，在说完话之后也会说一句：

"比预定的五分钟超出太多时间了。真是抱歉！"

甚至是在过了五分钟的时间点，就先说一句："看起来似乎还需要一些时间。你的时间什么时候比较充裕呢？"

只要有这么一句话，相信就算时间比预期久，下属也不会这么生气。

与其说有没有带给对方困扰,不如说能替对方着想、关心是更重要的。

　　这个前提就是尊重对方。如果随时有这种意识,就不会不管对方的状况,一直说下去,或约好了时间却迟到等。

第五章　不被责难，避免自己成为麻烦人物

3. 承认自己也有"贪嗔痴"，见不得别人好

本书提到麻烦人物各层面的问题，请回想我们提过许多次的关键词——不满。

在很多例子当中，做出擅自妄为的行为、强迫他人接受自己的价值观，其实是因为在自己的日常生活里，常常无法感到满足。

正因为这些累积起来的压力无处发泄，才会对着没有任何过错的对象做出失礼的行为。关于这一点，我想用与攻击者同化、转移目标等用词加以说明。

当然，所有人都想过开心、充实的人生，不想感到欲求不满，但这却不是一件容易的事。

不管再有钱、拥有多么高的权力、地位，都不一定能过着百分之百充实的人生；不论和多好的对象结婚，还是会有压力存在，也会累积不满的情绪。

在充满各种压力与不满的生活里，怎么做才不会变成麻烦人物呢？

这里有一个很重要的原则，那就是承认自己心里的负面情绪。

比方说朋友当中，有一个人长得非常漂亮，工作能力也很强。她有一位条件非常好的男友，而且总是穿着很昂贵的衣服，去很高级时髦的店里用餐。

但是反观自己，虽然和一位还不错的对象结婚，但现在却要照顾两个年纪还小的孩子，根本没有自己的时间。对于生计必须精打细算，过着焦头烂额的生活，根本无暇打扮。

一旦你发现两人之间的差异，每当遇到那位友人，或许你就会拼命肯定自己的生活，说着："有小孩子真的很幸福喔！""不管再怎么辛苦，看到小孩子的睡脸就全都忘光了！"想要向对方夸耀自己的生活方式。

如果不这么做，就会感到不安、焦虑："自己的生活到底算什么。""或许我一辈子，都无法过着像她一样的幸福生活吧……"

当你开始这么想的时候，我希望你能够面对并承认自己的负面情绪。

"唉，我其实很嫉妒她（那位美丽的朋友），我很憧憬可以像她一样，总是穿着漂亮的衣服，过着时髦的生活啊。"我希望你可以像这样坦率地承认。

当然，要承认自己嫉妒、羡慕，并不是容易的事。因为这和自我否定有关。

一旦你能够正视负面心情，就会变得不再和对方做无谓的对抗、勉强肯定自己。光是做到这一点，你的心情会比较从容。

一个人再漂亮、家境环境再好、过着再怎么开心的生活，对自己的人生都会有不满足的地方。

在职场上，或许他正遭受到主管性骚扰或职权骚扰，或许他正因为擅自行动的客户感到困扰不已。回到老家，或许他老是被父母、亲戚这么说："你到底什么时候才要结婚？""再不结婚就生不出小孩了!"

虽然种类、形式可能有所不同,但是没有人能够永远轻松的过生活。

你有你的辛苦,对方也会有对方的不如意。

同时,你会有你的幸福,对方也会有他的快乐。

你必须这么想,并且面对自己的处境,连同负面情绪在内,认同自己。

4. 别当个老是吞忍的善良人，学会回嘴

　　为了不要累积不满和压力，平常就要不时表达自己的情绪，是非常重要的。

　　很多人为麻烦人物所苦，平常虽然不会表现出来，但在心里充满焦急、不耐烦或懊悔的情绪。

　　比方说，面对说话朝令夕改的主管，就算你心里想：拜托你适可而止吧！开什么玩笑！却仍然默默照对方的要求工作。

　　或者是有一位经常炫耀自己工作成果的朋友，虽然你总是在心里想：谁会对你被称赞的事有兴趣啊！但表面上还是带着笑容听对方说话。

　　这都是日常生活中的常见现象，有时候也是无可奈何。如果累积越多压力，接下来连自己都会变得不满，也很有可能会开始对人生充满怨恨。

　　为了避免走到这一步，重要的是要表达出自己的情绪，让自己能够放松。

　　在本书中，针对不同场面、对象，提出一些可以随时表现出自己情绪的建议。

　　如果你可以向对方说出本书建议的话语，至少你会觉得舒坦许多，只要你能这么觉得，就已经达到充分效果。

第五章 不被责难,避免自己成为麻烦人物

如果状况或环境会有改善、对方的态度也有转变,当然就是最理想的结果了。

但在现实中,当然不可能这么简单就改变的。不过既然你读了本书,你就不能放任对方的言行举止就算了。

你必须做出反击,让自己感到舒畅。为了做到这一步,你平时就要表达出自己的情绪。请不要在心里累积不痛不快,要让心灵保持良好状态。

如果能保持心态健康,你的情绪就能够维持稳定,和周围的人也更容易建立愉快且良好关系。

麻烦人物是不可能从这个世界上消失的。但如果学会保护自己的技巧,那么觉得痛苦的次数和程度,就会出现戏剧性的改善,我对此深信不疑。

后记　气到你内伤的人，常常是你同仁友人亲人

本书介绍了各式各样的麻烦人物，也提出许多应对方式，让你在遇到这些人时可以守护自己。

前面介绍的例子，都是我从病患或友人实际听来的真实案例。在最后，我想要介绍一下我自己的亲身经历。

我过去也曾经遇过一个迟钝的贵妇，她经常说一些非常过分的话，让我觉得相当痛苦。

这位贵妇会把这些话常挂在嘴上："人啊，不可以做伤害别人的事。因为如果做了那些事，就全都会像回旋镖一样回到自己身上。"

她明明会这样说，却经常说出刺伤人的话。让我最无法原谅的，就是有一次她对我说："会搞精神医学的人，很多都是头脑有问题吧！"

她明知道我是精神科医师，却说出这种话，真不知道是迟钝，还是意图想要贬低我，让我相当烦恼。

毕竟我一直都很认真进行精神医学研究，她这样说，让我觉得价值被否定，因此感到非常愤怒。

但在这之后，我仔细观察这位贵妇，发现她对自己会让对方有

后 记　气到你内伤的人,常常是你同仁友人亲人

什么感受,完全缺乏想象力。就算对方感到受伤或生气,她都没有察觉。

让我更吃惊的是,当这位贵妇在帮自己儿子、媳妇盖房子时,从家具、家电用品到窗帘,所有的东西全都擅自决定。

当她兴高采烈地说连网络电信公司都选好时,我简直哑口无言。

不过更让我吃惊的事还在后头,这位贵妇竟然开口说:"迟钝的人真是让人困扰呢!"

我在心里大叫:"你才是迟钝的化身!"最后我只能挤出一句讽刺的话:"迟钝的人就是因为没发现自己这么迟钝,才会给大家带来困扰啊!"

而且这种迟钝的人,还会在伤害人之后,过一阵子又一副什么事都没发生的样子,满脸笑容地跑来找你搭话。

当你提到某件觉得不可原谅的事情之后,她还会满脸惊讶地说:"你现在为什么会说这种话呢?"

让人很想怒吼:"当然是因为被你伤害了,气得受不了了才说出来的啊!"

但是对方却还会反过来怪你很固执、死心眼,说不定还会对你说教,要你不要那么会记恨。

对于所有和我一样碰到无法接受、不可原谅的事情,认为就算对方没有恶意,还是觉得很受伤时,我希望自己能够伸出援手,因此努力写下这本书。

世界上充满让人困扰的人,但是他们不可能从这个世界上

消失。

只要你能够知道如何自保,就可以回避冲突和紧张,也可以维持稳定而愉快的情绪。重点是要当场察觉对方的心理,并快速反击。

如果你读了这本书之后,知道如何保护自己,身为作者的我,也会感到无比喜悦。

另外,在本书中所提到的弗朗索瓦·德·拉罗什福柯的名言,可以参考这本书:《伪善是邪恶向美德的致敬:人性箴言》(*Maximes et Réflexions diverses*)。

图书在版编目(CIP)数据

成熟大人的回嘴艺术.2,做人要厚道　回嘴要够辣 /(日)片田珠美著；郭凡嘉译.—上海：上海社会科学院出版社，2020
　ISBN 978-7-5520-2982-6

　Ⅰ.①成… Ⅱ.①片… ②郭… Ⅲ.①人际关系—口才学 Ⅳ.①C912.13

中国版本图书馆CIP数据核字(2019)第284825号

JYOUZUNI "JIBUN WO MAMORU" GIJUTSU: KAWASU, HANEKAESU, YARIKOMERU
by Tamami Katada
Copyright © Tamami Katada, 2016
All rights reserved.
Original Japanese edition published by Mikasa-Shobo Publishers Co., Ltd.
Simplified Chinese translation copyright © 2020 by Shanghai Academy of Social Sciences Press
This Simplified Chinese edition published by arrangement with Mikasa-Shobo Publishers Co., Ltd., Tokyo, through HonnoKizuna, Inc., Tokyo, and Bardon Chinese Media Agency

上海市版权局著作权合同登记号图字：09-2019-001

成熟大人的回嘴艺术2——做人要厚道　回嘴要够辣

著　　者：(日)片田珠美
译　　者：郭凡嘉
责任编辑：霍　覃
封面设计：周清华
出版发行：上海社会科学院出版社
　　　　　上海顺昌路622号　邮编200025
　　　　　电话总机021-63315947　销售热线021-53063735
　　　　　http://www.sassp.cn　E-mail:sassp@sassp.cn
排　　版：南京展望文化发展有限公司
印　　刷：上海天地海设计印刷有限公司
开　　本：890毫米×1240毫米　1/32
印　　张：5.5
字　　数：110千字
版　　次：2020年4月第1版　2020年4月第1次印刷

ISBN 978-7-5520-2982-6/C·189　　　　定价：38.00元

版权所有　翻印必究